# Lernwege Deutsch 6

*Texte untersuchen und schreiben*

Verfasst von Jasmin Merz-Grötsch (Hrsg.),
Bettina Brecht, Linda Fischinger,
Bernd Kinzl, Anita Ruppert



Mildenberger

Zum Aufbau des Heftes findest du Hinweise auf der Umschlaginnenseite vorn. Die Aufgaben beginnen in der *Vorstufe* und werden von der *Grundstufe* über die *Mittelstufe* bis zur *Erweiterungsstufe* immer anspruchsvoller.

| Einheiten | Was ich weiß und was ich kann. Kompetenzen, die ich erwerbe. | Das kann ich schon. | Hier bin ich mir nicht ganz sicher. | Hier möchte ich weiter-machen. |
|---|---|---|---|---|
| **Das Lernen lernen** 6<br>Ein Buch vorstellen 6 | Ich kann eine Auswahl für meine Buchvorstellung treffen. | | | |
| | Ich kann beschreiben, um was es in meinem Buch geht. | | | |
| | Ich kann für meine Präsentation Informationen sammeln und Wichtiges festhalten. | | | |
| | Ich kann eine „Leseprobe" festlegen. | | | |
| | Ich weiß, wie man das Vorlesen üben kann. | | | |
| | Ich kann meine Präsentation vorbereiten. | | | |
| | Ich kann über die Inhalte des Buches einen Vortrag halten. | | | |
| | Ich kann formulieren, über was ich eine Rückmeldung bekommen möchte. | | | |
| **Spirit Animals**<br>**Fantastische Geschichten lesen, untersuchen und verstehen** 12<br>Conor 14<br>Rollan 17<br>Rollan, Conor und Meilin lernen sich kennen 20<br>Abeke 23 | Ich kenne die Merkmale einer fantastischen Geschichte. | | | |
| | Ich kann Informationen aus einem Text entnehmen. | | | |
| | Ich kann Fragen zu einem Text beantworten. | | | |
| | Ich kann Merkmale, Verhalten und Beziehungen literarischer Figuren beschreiben. | | | |
| | Ich kann Lesestrategien und Methoden der Texterschließung nutzen. | | | |

| Einheiten | Was ich weiß und was ich kann.<br>Kompetenzen, die ich erwerbe. | Das kann ich schon. | Hier bin ich mir nicht ganz sicher. | Hier möchte ich weitermachen. |
|---|---|---|---|---|
| **Sagenhaftes schreiben**<br>**Personen beschreiben** 54<br>Sagenheld Odysseus – den Kopf beschreiben 56<br>Sagenheld Odysseus – den Körper beschreiben 57<br>Das Verhalten einer Person beschreiben 58<br>Eine Personenbeschreibung verfassen 59 | Ich kann eine Person aus der griechischen Sagenwelt näher beschreiben. | | | |
| | Ich kann eine Personenbeschreibung verfassen. | | | |
| **Dichterwerkstatt**<br>**Gedichte sind unterschiedlich** 60<br>Selbst Gedichte schreiben 62<br>Verstecktes Gedicht 63<br>Gedichte-Basteleien 64<br>Ein Gegengedicht schreiben 65 | Ich weiß, dass es sehr unterschiedliche Gedichte gibt. | | | |
| | Ich kann selbst ein Gedicht schreiben. | | | |
| | Ich weiß, dass es Gedichte gibt, die sich reimen und Gedichte, die sich nicht reimen. | | | |
| | Ich kann ein Gegengedicht schreiben. | | | |
| **Freizeit & Hobbys**<br>**Über etwas berichten, andere informieren** 66<br>Wortschatz: Viele Kinder – viele Hobbys 68<br>Wortschatz: Hobbys vorstellen 69<br>Inhalte aus Texten herausarbeiten 70<br>Einen Text gliedern und erschließen 71<br>Diagramme auswerten 72<br>Fragen zu einem Unfall beantworten 74<br>Einen Unfallbericht schreiben 75 | Ich kann einem Text Informationen entnehmen und diese geordnet darstellen. | | | |
| | Ich kann verschiedene Methoden zur Texterschließung anwenden. | | | |
| | Ich kann Lesestrategien anwenden. | | | |
| | Ich kann Diagramme auswerten. | | | |
| | Ich kann von Ereignissen berichten. | | | |
| | Ich kann wichtige von unwichtigen Informationen unterscheiden. | | | |

| Einheiten | Was ich weiß und was ich kann. Kompetenzen, die ich erwerbe. | Das kann ich schon. | Hier bin ich mir nicht ganz sicher. | Hier möchte ich weitermachen. |
|---|---|---|---|---|
|  | Ich kann einen beschriebenen Vorgang verstehen. | | | |
| | Ich kann Vorgänge in der richtigen Reihenfolge verständlich beschreiben. | | | |
| | Ich kann Vorgänge in der Du-, der Man-Form und im Imperativ, beschreiben. | | | |
| | Ich kann Vorgangsbeschreibungen überarbeiten. | | | |
|  | Ich kann Gegenstände beschreiben. | | | |
| | Ich weiß, wie man eine Beschreibung aufbaut. | | | |
| | Ich kann treffende Adjektive und Fachwörter für eine Beschreibung verwenden. | | | |
| | Ich kann einen Schreibplan nutzen, um einen Text zu entwerfen. | | | |
| | Ich kann zu einem Impuls schreiben. | | | |
| | Ich kann aus einer anderen Perspektive schreiben. | | | |
|  | Ich kann Behauptungen und Begründungen erkennen und formulieren. | | | |
| | Ich kann meine eigene Meinung begründen. | | | |
| | Ich kann ein Diagramm auswerten. | | | |
| | Ich kann meinen eigenen Umgang mit Medien beschreiben. | | | |
| | Ich kann durch einen Kommentar im Internet andere von meiner Meinung überzeugen. | | | |
|  | | | | |

# Das Lernen lernen

## *Ein Buch vorstellen*

### Schritt 1: Die Auswahl treffen – welches Buch stelle ich vor?

In vielen Klassen stellen sich Mitschüler gegenseitig Bücher vor. Dabei kannst du so vorgehen:

1. Entscheide dich für ein Buch, das dir gut gefällt. Dann kannst du deine Mitschüler mit deiner Begeisterung anstecken. Begründe deine Auswahl.
2. Fasse die Angaben zum Autor/zur Autorin und zum Buch im Heft kurz zusammen.
3. Suche eine Textstelle heraus, die du vorlesen möchtest. Kopiere diese Textstelle.
4. Bereite das Vorlesen und die Präsentation vor der Klasse vor.

### Schritt 2: Ins Buch blicken – um was geht es?

Deine Zuhörer interessiert es, worum es im Buch geht. Sie möchten wissen, welche Personen vorkommen und was das Spannende oder Witzige ist. Die meisten Bücher haben auf der Rückseite einen „Klappentext“, der genau darüber informiert.

Info:
In einem Klappentext wird der Inhalt eines Buches kurz und knapp zusammengefasst. Er soll die Neugier beim Leser wecken. Daher wird auch nur ein Teil der Geschichte erzählt, um den Inhalt nicht sofort zu verraten.

### Klappentext

„In einer stürmischen Nacht taucht ein unheimlicher Gast bei Meggie und ihrem Vater Mo auf. Er warnt ihren Vater vor einem Mann namens Capricorn. Am nächsten Morgen reist Mo überstürzt mit Meggie zu ihrer Tante Elinor, die über eine kostbare Bibliothek verfügt. Hier versteckt Mo das Buch, um das sich alles dreht. Ein Buch, das Mo vor vielen Jahren zum letzten Mal gelesen hat und das jetzt in den Mittelpunkt eines unglaublichen, atemberaubenden Abenteuers rückt – eines Abenteuers, in dessen Verlauf Meggie nicht nur das Geheimnis um Zauberzunge und Capricorn löst, sondern auch selbst in große Gefahr gerät ...“

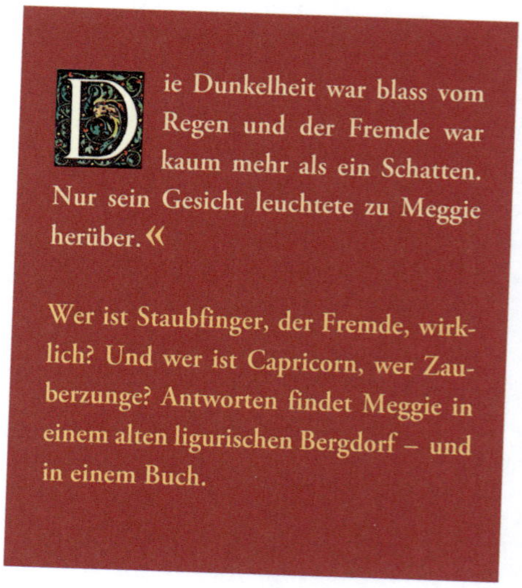
Die Dunkelheit war blass vom Regen und der Fremde war kaum mehr als ein Schatten. Nur sein Gesicht leuchtete zu Meggie herüber. «

Wer ist Staubfinger, der Fremde, wirklich? Und wer ist Capricorn, wer Zauberzunge? Antworten findet Meggie in einem alten ligurischen Bergdorf – und in einem Buch.

Ansicht eines Klappentextes auf der Umschlagrückseite

http://www.lernwege-deutsch.de/38

## Schritt 3: Informationen sammeln – Interessantes festhalten

**1.** Trage Informationen über das Leben und die Arbeit des Autors/der Autorin zusammen. Halte deine Informationen auf einem kleinen Plakat fest. Du kannst das Plakat zu deiner Präsentation mitbringen. Es könnte so aussehen:

**Cornelia Funke**

- geboren 1958
- lebt in Los Angeles
- hat zwei Kinder

- Diplompädagogin und Erzieherin
- schreibt Kinder- und Jugendbücher

Werke (Auswahl)
- Herr der Diebe
- Die wilden Hühner
- Reckless

## Schritt 4: Sich entscheiden – die Leseprobe festlegen

Für die Präsentation vor der Klasse suchst du eine Textstelle („Leseprobe") aus, die sich zum Vorlesen eignet. Sie sollte nicht zu lang sein. Vielleicht genügen schon zwei oder drei Seiten.

**1.** Triff die Auswahl sorgfältig. Deine Zuhörer kennen das Buch noch nicht. Versetze dich in ihre Lage.
- Können sie verstehen, um was es geht?
- Sind die wichtigsten Inhalte und Informationen dargestellt?
- Weckt die „Leseprobe" Neugier bei den Zuhörern? Bekommen sie Lust darauf, das Buch zu lesen?
- Hat dein Textausschnitt einen verständlichen Anfang und ein nachvollziehbares Ende?

**2.** Wenn du dich für eine Leseprobe entschieden hast, lies sie jemandem vor, der nicht in deiner Klasse ist: deiner Mutter, deinem Vater, deinen Geschwistern oder einem Freund.

a) Danach könnt ihr euch darüber austauschen, ob die Leseprobe gut gewählt ist. Nutze für den Austausch die Fragen aus Aufgabe 1.

b) Notiere die Hinweise, die dir dein Zuhörer gibt. Möglicherweise musst du nach einem anderen Textausschnitt suchen.

## Schritt 5: Das Vorlesen üben – flüssig und betont lesen

Darauf achte ich beim Vorlesen:

**Einen Text vorlesen**

**Betonung**
Ich verändere meine Stimme so, dass sie zum Inhalt passt.
Ich nutze die Satzschlusszeichen zur Betonung.
Ich betone die **wörtliche Rede** so, dass man beim Vorlesen merkt, wer spricht.

**Lesetempo**
Ich lese flüssig, aber nicht zu schnell.
Ich lese langsamer vor, als ich normalerweise spreche.

**Pausen**
Ich mache Pausen beim Lesen.
Die Satzschlusszeichen helfen mir dabei.

**Lautstärke**
Ich verändere die Laustärke so, dass sie zum Inhalt passt.

**Körpersprache**
Ich halte Blickkontakt mit den Zuhörern.

**Aussprache**
Ich spreche die Wörter klar und deutlich aus.

Tipp:
Nimm den Text, den du vorlesen willst, mit einem Smartphone oder einem Diktiergerät auf.
Halte fest, wie lange du dafür brauchst. Stimmt das Lesetempo?
Bist du zufrieden mit der Betonung und deiner Aussprache? Hast du laut genug gesprochen? Hast du Sprechpausen eingelegt?

## Schritt 6: Den Vortrag vorbereiten – die Präsentation naht

Wenn du den Text (deine Leseprobe) ausreichend geübt hast, überlegst du dir, wie du deinen Vortrag für die Buchpräsentation gestalten möchtest.

**1.** Notiere für deine Präsentation die wichtigsten Stichpunkte auf Karteikarten, z. B.: „Angaben zum Buch“, „Wissenswertes über den Autor“, „Inhalt des Buches“, „Gründe, weshalb dir das Buch so gut gefällt“.
Nimm für jeden Stichpunkt eine neue Karte.

Angaben zum Buch:

Titel: ______________________________
Autor/in: ______________________________
Verlag: ______________________________
Altersempfehlung: ______________________________
Seitenzahl: ______________________________
Preis: ______________________________

**2.** Meist ist die Aufregung groß, wenn man der Klasse etwas präsentiert. Damit du deinen Vortrag flüssig gestalten kannst, ist es gut, wenn du dir vorab schon ein paar Formulierungen auf eine weitere Karteikarte notierst, z. B.:

**Einleitende Worte:** Heute möchte ich euch gerne eines meiner Lieblingsbücher vorstellen. Es heißt ... Geschrieben hat es ...
**Überleitung zum Vorlesen:** Mir gefällt an diesem Buch, ... und das möchte ich euch jetzt zeigen. Darum lese ich jetzt eine Stelle aus dem Buch vor, die ich ganz besonders toll finde.
**Abschließende Bemerkungen:** Wenn ihr also was ganz Spannendes lesen möchtet, dann müsst ihr euch unbedingt dieses Buch besorgen.

Tipp:
Trage Gegenstände zusammen, die etwas mit dem Inhalt deines Buches zu tun haben. Nimm sie zu deinem Vortrag mit. Du kannst so deine Buchvorstellung interessanter gestalten und die Zuhörer auf das Thema einstimmen.

## Schritt 7: Das Buch präsentieren – einen Vortrag halten

Nun ist es so weit. Du hältst deinen Vortrag. Hier ein paar Tipps, damit deine Buchpräsentation gelingt:

- Kleide dich so, dass du dich vor der Klasse wohlfühlst.
- Nimm dir Zeit und lege alles bereit, was du für deinen Vortrag brauchst.
- Warte, bis Ruhe eingekehrt ist, ehe du beginnst.
- Begrüße deine Zuhörer und sage ihnen, über was du sprechen wirst.
- Zeige deinen Zuhörern das Buch. Betrachte mit ihnen zusammen das Deckblatt.
- Versuche, deinen Vortrag möglichst frei zu halten. Nutze dabei die Karteikarten, die du vorbereitet hast.
- Sprich laut, deutlich und langsam.
- Schaue während des Vortrages immer wieder deine Zuhörer an. An ihren Gesichtsausdrücken kannst du erkennen, ob sie dir noch folgen können.

Es ist völlig normal, wenn du vor deinem Vortrag etwas „Lampenfieber" hast. Das gehört dazu. Halte fest, was du im Vorfeld tun kannst, damit das Lampenfieber nicht allzu stark wird.

*So kann ich dem Lampenfieber vorbeugen:*

______________________________
______________________________
______________________________

*Mich gut vorbereiten, damit ich sicher auftreten kann*

*tief durchatmen*

______________________________
______________________________
______________________________

______________________________
______________________________
______________________________

## Schritt 8: Die Rückmeldung vorbereiten – „Was ich euch noch fragen wollte …“

Nach deiner Präsentation ist es wichtig, dass du Rückmeldungen von deinen Zuhörern bekommst. Dann weißt du, was dir schon gut gelungen ist, aber auch, was du anders oder besser machen kannst, wenn du wieder einmal ein Buch vorstellst. Daher ist es wichtig, dass du die „Rückmelderunde“ gut vorbereitest. Du kannst dabei folgendermaßen vorgehen:

1. Überlege schon vor deiner Präsentation, über welche Punkte du gerne eine Rückmeldung bekommen möchtest. Halte diese auf Karten fest. Nimm für jeden Punkt eine neue Karte. Nutze dabei auch die Punkte von Schritt 5.
Beispiel:

*Lesetempo*
*Ich bin mir unsicher, ob ich flüssig gelesen habe.*

*Körpersprache*
*Wie war mein Blickkontakt zu euch?*

*Leseprobe*
*Fandet ihr, dass meine Leseprobe gut ausgewählt war?*

*Inhalt*
*Konntet ihr verstehen, um was es im Buch geht?*

2. Halte fest, was du deine Zuhörer außerdem noch fragen möchtest.

# Spirit Animals

## *Fantastische Geschichten lesen, untersuchen und verstehen*

Zusammen mit ihren Seelentieren wagen sich Conor, Rollan, Meilin und Abeke auf eine gefährliche Mission. Wird es den Gefährten gelingen, den Feind zu besiegen?

1. Wo lebt wer? Schaue dir die Karte an und lies die Texte. Schreibe deine Antwort auf die Linien in den Kästen.

Conor ist der Sohn des Schäfers Fenray. Er arbeitete als Diener auf der Burg Trunswick, die im Norden von Erdas liegt.
Conor kommt aus ____________.

Meilin ist die Tochter eines hohen Generals. Ihr Land ist von einer mächtigen Mauer umgeben und liegt nicht im Westen von Erdas.
Meilin kommt aus ____________.

Abeke geht gern auf die Jagd. Ihr Seelentier ist groß. Wenn man die Karte von Erdas betrachtet, dann liegt ihr Land dort, wo bei uns Afrika liegt.
Abeke kommt aus ____________.

Rollan ist mit fünf Jahren Waise geworden und lebte als Dieb auf der Straße. Er stammt nicht aus Arctica oder Stetriol. Sein Herkunftsland liegt im Westen von Erdas.
Rollan kommt aus ____________.

## In diesem Kapitel kannst du lernen, ...

- was eine fantastische Geschichte ausmacht.
- worum es in dem Buch „Spirit Animals“ geht.
- Informationen aus einem Text zu entnehmen.
- Fragen zu einem Text zu beantworten.

## Hier findest du heraus, was du schon kannst:

**1.** „Spirit Animals“ ist eine fantastische Geschichte. Vielleicht weißt du schon, was eine fantastische Geschichte ausmacht. Kreuze an.

| | richtig | falsch |
|---|---|---|
| Fantastische Geschichten spielen oft in fremden Welten. | | |
| Fantastische Geschichten beginnen mit „Es war einmal ...“ | | |
| Die Hauptpersonen in fantastischen Geschichten sind oft auf einer Reise. | | |
| In fantastischen Geschichten gibt es nur gute Menschen. | | |
| In fantastischen Geschichten gibt es keine erfundenen Figuren wie z. B. Drachen, Feen, magische Wesen. | | |
| Meistens gibt es Menschen oder Figuren, die auserwählt sind, irgendetwas zu tun. | | |
| Fantastische Geschichten gibt es nur für Kinder und Jugendliche. | | |

**2.** Hier siehst du das Cover von „Spirit Animals – der Feind erwacht“.
Stelle Vermutungen an, worum es in dem Buch gehen könnte.

______________________________________________

______________________________________________

______________________________________________

______________________________________________

______________________________________________

______________________________________________

## Am Morgen vor der Nektarzeremonie

Conor lebt auf der Burg des Grafen von Trunswick. Dort ist er Diener von Devin, dem ältesten Sohn von Eric, des Grafen von Trunswick. Dawson ist der jüngere Bruder von Devin. Heute ist ein besonderer Tag.

(...) An diesem Tag fand in Trunswick die Nektarzeremonie statt. In weniger als einer Stunde sollten die Kinder des Ortes, die in diesem Monat elf wurden, ein Seelentier rufen. Conor wusste, dass die Bindungen an die Tiere in manchen Familien besonders häufig vorkamen. Aber eine Garantie, dass einem ein Tier erschien, gab es nicht, egal welchen Familiennamen man trug. Heute sollten nur drei Kinder den Nektar trinken. Da war die Wahrscheinlichkeit, dass eines von ihnen Erfolg hatte, eher gering ... Prahlerei im Vorfeld war also wenig ratsam.
„Was für ein Tier bekommst du wohl?“, wollte Dawson wissen.
„Das weiß ich genauso wenig wie du“, erwiderte Devin. „Was glaubst du?“
„Ein Backenhörnchen“, prophezeite Dawson.
Devin stürzte sich auf seinen Bruder, der kichernd wegrannte. Er war nicht so festlich gekleidet wie sein älterer Bruder und konnte sich deshalb freier bewegen. Devin hatte ihn trotzdem schnell eingeholt, warf ihn zu Boden und hielt ihn dort fest.
„Wahrscheinlich eher einen Bären“, sagte Devin und drückte dem Bruder den Ellbogen in die Brust. „Oder eine Wildkatze wie Vater. Die soll dann zuerst dich fressen.“
(...) „Vielleicht bekommst du gar keins“, sagte Dawson frech.
„Dann bin ich später immer noch Graf von Trunswick und somit dein Herr.“
„Nicht, wenn Vater länger lebt als du.“ „Pass auf, was du da sagst, Kleiner.“
„Gott sei Dank bin ich nicht wie du.“
Devin drückte Dawsons Nase zusammen, bis Dawson schrie, dann stand er auf und strich seine Hose glatt. „Wenigstens tut mir nicht die Nase weh.“
„Conor trinkt den Nektar auch!“, rief Dawson. „Vielleicht ruft er ein Seelentier.“ Conor wäre am liebsten im Erdboden versunken. Natürlich machte er

http://www.lernwege-deutsch.de/39




Text: Mull Brandon: Spirit Animals (Band 1). Ravensburg: Ravensburger Buchverlag 2017, S. 11–13

sich Hoffnungen. Er konnte gar nicht anders. Zwar hatte es in seiner Familie seit einem zwielichtigen Urgroßonkel keiner mehr zu einem Seelentier gebracht, trotzdem war grundsätzlich alles möglich.

„Natürlich.“ Devin kicherte. „Und die Tochter des Schmieds wahrscheinlich auch.“

„Man weiß nie.“ Dawson setzte sich auf und rieb sich die Nase. „Was für ein Tier hättest du denn gern, Conor?“

Conor blickte zu Boden. Aber auf die Frage eines Adligen musste er antworten. „Ich kam immer gut mit Hunden zurecht. Ich glaube, ein Schäferhund wäre mir das Liebste.“

„Wie originell!“ Devin lachte. „Der Schäfer träumt von einem Schäferhund.“

„Ein Hund wäre toll“, sagte Dawson.

„Aber gewöhnlich“, erwiderte Devin. „Wie viele Hunde hast du denn, Conor?“

„Du meinst meine Eltern? Zehn, als ich sie zuletzt gezählt habe.“

„Wie lange hast du deine Eltern nicht mehr gesehen?“, fragte Dawson.

Conor versuchte ganz ruhig zu klingen. „Über ein halbes Jahr.“

„Kommen sie heute auch?“

„Sie werden es versuchen. Hängt davon ab, ob sie zu Hause wegkönnen.“

Er tat gleichgültig für den Fall, dass sie es nicht schaffen.

„Na, da kannst du ja gespannt sein.“ Devin klang verächtlich. (...)

Text: a. a. O.

1. Lies den Text leise für dich durch. Du kannst dir den Text auch anhören.

2. a) Schlage die unterstrichenen Wörter im Wörterbuch oder im Internet nach.
   b) Gibt es Wörter, die du nicht kennst? Unterstreiche sie mit Bleistift. Schlage diese auch nach.

3. Du erfährst in dem Text einiges über Conor, Devin und Dawson.
   a) Unterstreiche mit einem Lineal die wörtlichen Reden im Text. Wer sagt was? Dawson: rote Farbe, Devin: blaue Farbe, Conor: grüne Farbe
   b) Schreibe Stichworte auf. Was erfährst du über die drei Personen?

| **Devin** | **Dawson** | **Conor** |
|---|---|---|
| – ältester Sohn des Grafen von Trunswick<br>– ... | – jüngerer Bruder von Devin<br>– ... | – Diener von Devin<br>– 11 Jahre alt<br>– ... |

4. Schaue auf der Karte auf Seite 12 nach, wo Trunswick liegt. Schreibe einen Satz.

   Trunswick liegt ______________________________.

5. Warum wünscht sich Conor einen Schäferhund als Seelentier?

   ______________________________
   ______________________________
   ______________________________
   ______________________________
   ______________________________

*Rollan*

## Nektarzeremonie im Gefängnis

Rollan stammt aus Concorba in Amaya. Er lebt als Dieb auf der Straße. Als er Medizin für seinen kranken Freund stehlen will, wird er erwischt und kommt ins Gefängnis. Dem Wächter fällt auf, dass Rollan noch keinen Nektar getrunken hat. So kommt es, dass der Wärter eine Frau zu ihm schickt, die ihm den Nektar zu trinken gibt.

(...) Für manche Kinder war die Zeremonie ein großes Fest. Teilnehmer und Angehörige machten sich fein, Zuschauer kamen, Reden wurden gehalten und Erfrischungen serviert. Rollans Publikum bestand nur aus einer Ratte und ein paar Wächtern und Mitgefangenen in einem schmutzigen Gefängnis. Deshalb wollte er alles möglichst schnell hinter sich bringen.

Die Frau zog ein einfaches Fläschchen hervor, öffnete es und hielt es ihm hin.
„Ein Schluck reicht."
„Das war eine eindrucksvolle Rede", sagte Rollan und nahm das Fläschchen. „Aber deine Begabung kommt in diesem feuchten Keller überhaupt nicht zur Geltung. Du solltest lieber über der Erde arbeiten." Er nahm einen Schluck. In der Stadt gab es eine Gastwirtschaft, in der er manchmal gesüßten Zimttoast bekam, seine Lieblingsspeise. Der Nektar schmeckte ähnlich.

Rollan wischte sich den Mund ab und die Frau streckte die Hand nach dem Fläschchen aus. Da wurde ihm plötzlich schwindelig. Es war, als verbreiteten sich sprühende Funken in seinem Körper. Was war das? Seine Hand mit dem Fläschchen zitterte. Die Frau nahm es entgegen und Rollan fiel auf die Knie.
„Was passiert mit mir?", lallte er.
Ohrenbetäubender Donner ertönte und es wurde dunkel. Oder konnte er auf einmal nichts mehr sehen? Ein greller Lichtschein erlosch kurz nach seinem Erscheinen wieder.
Vor ihnen schwebte ein Falke, ein großer, starker Vogel mit braungoldenem Gefieder und weiß gefleckter Brust. Flügelschlagend landete er auf Rollans Schulter. Sobald Rollan die Krallen auf seiner Haut spürte, ließ das brennende Gefühl in seinem Innern nach. Die anderen starrten den Vogel entgeistert an.

http://www.lernwege-deutsch.de/40

____________________________________________

Einen Augenblick lang waren Rollans Sinne aufs Äußerste geschärft. Er nahm jede kleinste Gesteinspore in Boden und Wänden wahr. Er sah die Spinne, die sich über ihm in einer Ecke an der Decke hinter wehenden Spinnweben versteckte. Und er spürte das erschrockene Staunen der Anwesenden. Dann war plötzlich alles wieder wie zuvor.

____________________________________________

„Ein Falke!“, rief die Frau im grünen Mantel verwundert. „Mit bernsteingelben Augen!“

„Ein Gerfalke*“, fügte Rollan hinzu.

„Woher weißt du das?“, fragte der Wächter.

„Ich weiß es einfach.“

„Natürlich ist das ein Gerfalke“, murmelte die Frau. Sie starrte Rollan prüfend an, als wäre sie soeben aus einer Trance erwacht. „Wie kann das sein? Wer bist du?“

„Nur ein Waisenjunge“, antwortete Rollan.

„Da steckt doch mehr dahinter“, murmelte sie wie zu sich selbst.

„Und ein Verbrecher“, fügte Rollan hinzu. „Sogar einer von der schlimmsten Sorte.“

„Die wäre?“, fragte die Frau.

„Einer, der sich erwischen lässt.“

_______________________

Die Frau sah den Wärter an. „Sperr ihn in seine Zelle. Ich komme wieder.“

„Den Vogel auch?“, fragte der Wärter.

„Natürlich. Er ist sein Seelentier.“

* größte und schwerste Falkenart.

1. Lies dir den Text genau durch. Du kannst dir den Text auch anhören.

2. Unterstreiche Wörter, die du nicht kennst. Schlage im Wörterbuch nach.

3. Gib den Abschnitten eine passende Zwischenüberschrift. Schreibe sie auf die Linien über den Textabschnitten.

4. Lies die Aussagen. Sind diese richtig oder falsch?
   a) Kreuze an.
   b) Verbessere falsche Aussagen, indem du den Satz verbessert auf die Linien schreibst.

| | **richtig** | **falsch** |
|---|---|---|
| Für Rollan war die Nektarzeremonie ein großes Fest. | | |
| Rollan fand, dass der Nektar nach gesüßtem Zimttoast schmeckt. | | |
| Auf Rollans Schulter landete ein großer, braungoldener Adler. | | |
| Die Frau, die den Nektar brachte, war überrascht über das Seelentier. | | |
| Rollan wurde nach der Zeremonie aus dem Gefängnis entlassen. | | |
| | | |
| | | |
| | | |

   c) Was hast du bisher über Rollan erfahren? Fülle die Schriftrolle mit Stichworten. Beachte: Du kannst noch nicht alles ausfüllen.

*Rollan, Conor und Meilin lernen sich kennen*

## Auf der Westburg

(...) Rollan stapfte durch das hohe Gras zum Tor der Westburg, als plötzlich ein grimmig aussehender Grünmantel auf einem mächtigen Pferd in sein Blickfeld ritt. Auf der einen Seite lief ein Mädchen, auf der anderen ein Junge neben ihm her. Das Mädchen wurde von einem Panda begleitet, der Junge von einem großen Wolf. Als sie sich näherten, beschleunigte Rollan seine Schritte. Der Panda und der Wolf konnte niemand anderes sein als die Gefallenen Jhi und Briggan.

Der Grünmantel stieg ab und Rollan betrachtete ihn prüfend. Er gehörte zu jenen Leuten, um die Rollan auf den Straßen von Concorba einen großen Bogen gemacht hätte.

Der Junge hatte blonde Haare und trug einen grünen Mantel. Demnach hatte er das Gelübde bereits abgelegt. Er war normal groß für sein Alter, wirkte aber noch sehr jung und hatte ein freundliches und offenes Gesicht – ein Gesicht, das noch voller Neugier auf das Leben war. Das Mädchen war dagegen eine auffallende Erscheinung. Seine Augen glänzten und es lächelte scheu. Rollan blieb wie angewurzelt stehen. In den Augen des Mädchens las er Genugtuung über seine bewundernden Blicke. Das scheue Lächeln aber wirkte einstudiert.

Den Kleidern und dem Aussehen nach zu urteilen kam es aus Zhong, wofür auch das Seelentier sprach. Rollan hatte noch nie einen Panda oder einen Wolf gesehen. Er kannte diese Tiere nur durch die Witwe Renata, die regelmäßig das Waisenhaus besucht und den Kindern aus bebilderten Schriften über die Großen Tiere vorgelesen hatte.

„Ich bin Tarik", sagte der Grünmantel. „Du bist vermutlich Rollan?"

„Woher kennst du meinen Namen?", fragte Rollan verblüfft. „Ach so, du hast den Falken gesehen."

„Meilin, Conor, darf ich euch Rollan vorstellen?", sagte Tarik. „Er ist hier in Amaya geboren und aufgewachsen und hat Essix gerufen, so wie ihr Jhi und Briggan gerufen habt."

http://www.lernwege-deutsch.de/41





Text: Mull Brandon: Spirit Animals (Band 1). Ravensburg: Ravensburger Buchverlag 2017, S. 96–99

Der Wolf trottete vor und der Falke flog auf den Boden und stellte sich vor ihn. Auch der Panda gesellte sich zu den beiden. Essix krächzte leise. Die drei Tiere betrachteten einander aufmerksam.

„Ob sie sich aneinander erinnern?“, fragte Meilin. Sie hatte eine angenehm klingende Stimme, die zu ihrer Erscheinung passte.

„Schwer zu sagen“, antwortete Tarik, „wie viel sie aus ihrem früheren Leben noch wissen. Vielleicht handelt es sich in diesem Stadium eher um Instinkt.“

„Und wo ist das vierte Gefallene Tier?“, fragte Rollan. „Uraza?“

Tarik verzog das Gesicht. „Jemand ist uns zuvorgekommen. Er hat Uraza und das Mädchen, das zu ihr gehört, in seiner Gewalt. Durch Zerif wäre es dir beinahe genauso ergangen. Das Mädchen heißt Abeke. Wir wissen nicht, wo sie sich gegenwärtig aufhält, werden aber nicht ruhen, bis wir es herausgefunden haben. Lenori glaubt, dass sie und Uraza noch leben. Es wird sehr schwer sein, die beiden aufzuspüren.“

„Hast du uns über Lenori gefunden?“, fragte Conor.

Tarik nickte. „Lenori ist von allen Grünmänteln die größte Hellseherin. Durch sie allein wussten wir, dass die Vier Gefallenen zurückgekehrt sind.“

„Allwissend scheint sie aber nicht zu sein“, wandte Rollan ein. „Sonst wäre euch bei dem Mädchen aus Nilo nicht jemand zuvorgekommen.“

„Solange Uraza fehlt, müssen eben wir drei die Vier Gefallenen vertreten“, sagte Meilin. „Aber sollten wir jetzt nicht endlich mal erfahren, worum es hier geht?“

„Olvan wird euch alles erklären“, sagte Tarik. „Eines wisst ihr ja schon: Ihr sollt den Grünmänteln beitreten und uns helfen, Erdas zu retten.“

„Vor dem Großen Schlinger?“, fragte Rollan. Man hörte ihm an, dass er nicht so recht daran glaubten konnte.

Die Frage schien Tarik einen Moment lang zu verunsichern. „Wer hat den Schlinger erwähnt?“

„Dieser Kerl, dem ich begegnet bin“, sagte Rollan. „Er ritt auf einem Elch.“

„Wir wissen immer noch nicht genau, mit wem wir es zu tun haben. Wenn es nicht der Große Schlinger ist, dann sicher ein Wesen, das vergleichbar mächtig ist. Jetzt solltet ihr aber erst mal die Gelegenheit nutzen, euch besser kennenzulernen. Ihr werdet in den nächsten Tagen viel Zeit miteinander verbringen. Ich reite schon einmal voraus und gebe eure Ankunft bekannt.“

„Macht euch darauf gefasst, dass alle euch anstarren“, warnte Rollan die anderen, nachdem Tarik sich entfernt hatte. „Das ist bei mir ständig so, seit ihr hier bin. Am Anfang habe ich gedacht, ich hab was im Gesicht.“

1. Lies den Text genau durch. Du kannst dir den Text auch anhören.

2. Du hast im Text einiges über Conor erfahren. Außerdem hast du die beiden Mädchen kennengelernt: Meilin und Abeke.
   a) Unterstreiche die Informationen: zu Conor in grüner, zu Abeke in roter und Meilin in gelber Farbe.
   b) Schreibe Stichworte zu Conor, Abeke und Meilin auf.

3. Wenn du auch etwas Neues über Rollan erfahren hast, dann ergänze die Informationen auf dem Notizzettel auf Seite 19.

4. Conor, Rollan und Abeke haben eine große Aufgabe vor sich. Erkläre in ganzen Sätzen, was du erfahren hast.

*Abeke*

## Auf der Jagd

Geduckt und mit langsamen, gleichmäßigen Bewegungen schob Abeke sich durch das hohe Gras. Sie gab genau acht, wohin sie trat, so wie ihr Vater es sie gelehrt hatte, und machte kein Geräusch. Mit plötzlichen Bewegungen oder Lärm hätte sie ihr Opfer in die Flucht geschlagen. Und wenn die Antilope die Flucht ergriff, hatte sie keine Zeit mehr, sich an ein anderes Tier anzuschleichen.

Das Tier senkte den Kopf und knabberte am Gras. Es war noch jung, aber Abeke wusste, dass es trotzdem viel schneller rennen konnte als sie selbst. Wenn ihr die Antilope entkam, musste sie mit leeren Händen nach Hause zurückkehren.

Sie blieb stehen und legte einen Pfeil auf die Sehne ihres Bogens. Als sie den Bogen spannte, knarrte er. Die Antilope hob ruckartig den Kopf, doch da flog der Pfeil schon durch die Luft, bohrte sich in ihre Brust und traf Herz und Lunge. Das Tier taumelte und brach zusammen.

Für die Bewohner von Abekes Dorf war diese Beute wichtig. Aufgrund der Dürre gab es weniger zu essen als sonst, und da ein Ende der Trockenheit nicht abzusehen war, zählte jeder Bissen. Abeke kniete sich neben das verendete Tier. „Verzeih mir, dass ich dir das Leben genommen habe“, sagte sie leise. „Aber unser Dorf braucht dein Fleisch. Ich habe mich ganz nahe herangeschlichen und auf dein Herz gezielt, damit du nicht leiden musstest. Bitte verzeih mir.“

(...) Mit jedem Schritt lastete die Antilope schwerer auf Abekes Schultern. Aber sie war groß und stark für ihr Alter. Außerdem freute sie sich schon so sehr darauf, ihrem Vater die Beute zu zeigen, dass sie die sengende Sonne vergaß.

In ihrem Dorf jagten normalerweise die Männer. Frauen wagten sich selten nach draußen. Umso mehr würden alle über die Antilope staunen! Sie hätte ihren elften Namenstag nicht besser feiern können.

(...) Abeke musste lächeln. Noch nie hatte ein Kind an seinem Namenstag dem Dorf ein selbst erlegtes Tier geschenkt. Diese Gabe hatte einen richtigen Nutzen.

(...) Die Zeit drängte. Ohne auf die Blicke der Nachbarn

http://www.lernwege-deutsch.de/42




Text: Mull Brandon: Spirit Animals (Band 1). Ravensburg: Ravensburger Buchverlag 2017, S. 23–29

zu achten, eilte Abeke zum Haus ihrer Familie. Wie die meisten Behausungen des Dorfes war es rund, hatte Mauern aus Stein und ein spitz zulaufendes Strohdach. Soama erwartete sie bereits. In ihrem orangefarbenen Gewand und dem perlenbesetzen Kopftuch sah sie wunderschön aus. Abeke war selbst sehr hübsch, aber dem Vergleich mit ihrer Schwester hielt sie nicht stand. Und sie hatte auch keine Lust, sich hübsch zu machen: Sie bevorzugte praktische Kleidung und Zöpfe, die man nach hinten binden konnte.

„Abeke!“, rief Soama. „Wo warst du? Weiß Vater, dass du wieder da bist?“

„Ich war jagen“, erklärte Abeke stolz. Die Antilope hing noch über ihren Schultern. „Ganz allein.“

„Du bist allein nach draußen gegangen?“

„Wo sollte ich sonst eine Antilope herkriegen?“

Soama schlug die Hand vor die Augen. „Warum machst du immer so verrückte Sachen? Vater hat sich irrsinnige Sorgen gemacht, weil du verschwunden warst. Und jetzt kommst du zu spät zu deinem Bindungsritual!“

„Das schaff ich schon noch“, versicherte Abeke.

„Ich beeile mich. Schließlich brauche ich mich nicht wer weiß wie herzurichten. Die anderen werden sich wohl kaum beschweren, wenn sie erst sehen, was ich mitgebracht habe.“

Hinter Abeke ging die Tür auf und sie drehte sich um. Ihr Vater, ein hochgewachsener, schlanker, muskulöser Mann mit kahl rasiertem Schädel trat ein und funkelte sie zornig an. „Abeke! Chinwe hat gesagt, du seist zurückgekehrt. Ich wollte gerade einen Suchtrupp losschicken.“

„Ich brauchte doch noch eine schöne Gabe zu meinem Namenstag“, erklärte Abeke. „Deshalb habe ich diese Antilope erlegt.“

Ihr Vater schloss schweratmend die Augen. „Abeke“, sagte er mit mühsamer Beherrschung, „heute ist ein wichtiger Tag. Du kommst zu spät und bist mit Staub und Blut besudelt. Dein Verschwinden hat das ganze Dorf in Aufregung versetzt. Begreifst du denn nicht, was du angerichtet hast?“

Abeke fiel in sich zusammen, ihr Stolz löste sich auf und ihre Freude erlosch. Ihr fiel keine passende Antwort ein und Tränen traten ihr in die Augen. „Aber (...) mir ist doch nichts passiert. Du weißt, dass ich eine gute Jägerin bin. Es sollte eine Überraschung sein.“

Ihr Vater schüttelte den Kopf. „Du hast selbstsüchtig und töricht gehandelt. Die Antilope ist kein angemessenes Geschenk für die Gemeinschaft. Sie zeigt doch nur, dass du nicht weißt, was sich gehört. Was sagt sie über dich? Über uns? Was lehrt sie die anderen Kinder? Du wirst als Geschenk den Krug überreichen, den du getöpfert hast.“

1. Lies den Text genau durch. Du kannst dir den Text auch anhören.

2. Du hast im Text einiges über Abeke und ihre Schwester Soama erfahren.
   a) Unterstreiche Informationen über Abeke rot und Informationen über Soama gelb.
   b) Schreibe die passenden Stichworte zu den beiden Mädchen.

– praktische Kleidung

– sehr hübsch

3. Warum ist Abeke so stolz über die erlegte Antilope? Unterstreiche im Text die passenden Stellen blau.

4. Warum findet ihr Vater das Geschenk unpassend? Unterstreiche im Text die passenden Stellen grün.

5. Wer hat deiner Meinung nach recht? Begründe deine Auswahl.

Ich finde, ____________ hat recht, weil ____________

# *Spirit Animals: Der Feind erwacht*

## *Fantastische Schreibwerkstatt*

Im Kapitel „Fantastische Geschichten lesen, untersuchen und verstehen“ hast du schon einiges über das Buch erfahren. Auf dem Bild siehst du die vier Jugendlichen mit ihren Seelentieren: Conor mit seinem Wolf Briggan, Abeke mit der Leopardin Uraza, Meilin mit ihrem Panda Jhi und Rollan mit seinem Falken Essix.

**1.** Stelle Vermutungen an: Was kann ein Seelentier?

______________________________________________

______________________________________________

______________________________________________

______________________________________________

**2.** Wenn du dir ein Seelentier aussuchen könntest: Welches Tier würdest du dir aussuchen? Begründe deine Auswahl.

______________________________________________

______________________________________________

______________________________________________

______________________________________________

## In diesem Kapitel kannst du lernen, ...

- dich in eine Person aus einem Buch hineinzuversetzen.
- einer Person aus einem Buch Tipps zu geben.
- zu einem Buchkapitel einen Text zu schreiben.
- zu einem Impuls zu schreiben.

## Hier findest du heraus, was du schon kannst:

**1.** Beschrifte das Bild mit den Namen der Personen und den Namen der Tiere.

**2.** Was hast du bisher über die Personen erfahren?
a) Übertrage die Tabelle in dein Heft.
b) Notiere Stichworte zu jeder Person in die Tabelle.

| Conor | Rollan | Meilin | Abeke |
|---|---|---|---|
| | | | |

## *Einer Person aus dem Buch Tipps geben*

### Vom Umgang mit einem Seelentier

(...) Conor beschäftigte sich viel mit Briggan. Immer wieder streichelte er ihn und sprach mit ihm. Dabei scheute er sich nicht, seinem Seelentier auch mal einen Unsinn zuzumuten und sich damit lächerlich zu machen. Er warf Stöcke, die der Wolf zurückbrachte, oder spielte mit ihm Fangen. Voller Übermut durchquerten sie Bäche und spritzten sich gegenseitig nass. Meilin stellte fest, dass sich dadurch mit der Zeit ihre Bindung festigte. Rollan und sein Falke dagegen schienen lieber etwas Abstand zu halten. Essix zog meist über den Reisenden ihre Kreise.

1. Lies den Text leise für dich durch. Du kannst dir den Text auch anhören.

2. Warum glaubt Meilin, dass die Bindung zwischen Conor und Briggan enger wird? Schreibe einen vollständigen Satz.

______________________________________________

______________________________________________

3. Rollan hat Probleme mit seinem Falken. Conor gibt ihm Tipps. Schreibe sie in dein Heft.
Beispiel: *Sprich mit deinem Seelentier.*

http://www.lernwege-deutsch.de/43




Text: Mull Brandon: Spirit Animals (Band 1). Ravensburg: Ravensburger Buchverlag 2017, S. 179

## Rollans Gedanken aufschreiben

**Nektarzeremonie im Gefängnis**

(...) Die Frau sah den Wärter an. „Sperr ihn in seine Zelle. Ich komme wieder."
„Den Vogel auch?", fragte der Wärter.
„Natürlich. Er ist sein Seelentier."

1. Lies dir noch einmal die Textstelle auf Seite 18 durch.

2. Als die Frau gegangen ist, sitzt Rollan mit seinem Falken in der Gefängniszelle. Ihm gehen viele Gedanken durch den Kopf.
   a) Notiere zunächst einmal seine Gefühle und Gedanken stichwortartig:

   ______________________________

   ______________________________

   ______________________________

   ______________________________

   b) Was könnte Rollan denken? Schreibe mindestens vier Sätze in die Gedankenblase.

*Eine Textstelle weiterschreiben*

## Auf der Westburg

Auf der Burg führte man sie in einen prächtigen Speisesaal. Dort standen schon Speisen auf dem Tisch. Conor, Rollan und Meilin nahmen Platz. „Ich bin noch ganz durcheinander“, meinte Conor. „Eben war ich noch ein einfacher Hirtensohn und Diener und jetzt bin ich zu etwas Besonderem geworden.“

1. Was könnte Conor erzählen? Überlege, wie es weitergehen könnte.
   a) Lies noch einmal den Text auf den Seiten 20–21 nach.
   b) Nutze die Informationen aus dem Text und fülle die Notizzettel mit Stichworten.
   c) Schreibe den Textanfang (oben) in dein Heft.
   d) Schreibe den Text in deinem Heft weiter.

Seine Gefühle ...

________________________________________

________________________________________

________________________________________

________________________________________

________________________________________

Was sich für Conor verändert hat ...

________________________________________

________________________________________

________________________________________

________________________________________

________________________________________

Die Aufgabe, die vor ihnen liegt ...

________________________________________

________________________________________

________________________________________

________________________________________

________________________________________

Conors Erwartungen / Hoffnungen ...

________________________________________

________________________________________

________________________________________

________________________________________

________________________________________

## Über Gefühle schreiben

### Abeke auf dem Weg zur Nektarzeremonie

(...) Als sie aus dem Haus trat, wartete das ganze Dorf auf sie und bildete eine Gasse, durch die sie hindurchlaufen sollte. Abeke hatte sich so sehr auf diesen Augenblick gefreut, denn oft schon hatte sie selbst für andere Teilnehmer der Zeremonie Spalier gestanden. Ihr Vater wie auch die meisten anderen Männer musterten sie streng. Einige Frauen blickten tadelnd, andere mitleidig. Einige ihrer Freundinnen kicherten. Abeke schritt zwischen den Bewohnern des Dorfes hindurch und spürte bei jedem Schritt, wie sehr sie die anderen enttäuscht hatte. Am liebsten wäre sie weggerannt und hätte sich von einem Löwen auffressen lassen. Doch sie marschierte erhobenen Hauptes weiter, den missglückten Krug in der Hand. Der Wind war stärker geworden und wirbelte Staub auf. Eine Wolke verdunkelte die Sonne. Abekes Gesicht zeigte keine Regung.

1. Überlege: Hast du dich auch schon einmal so gefühlt?

2. Schreibe einen kurzen Tagebucheintrag über eine Situation, in der du dich ähnlich gefühlt hast. Du kannst auch eine Situation erfinden, in der du dich so fühlen würdest. Schreibe in dein Heft.

3. Überlege: Wie kann man dich trösten?
   a) Wie kann Abeke getröstet werden? Schreibe Stichworte auf:

   ______________________________________________

   ______________________________________________

   ______________________________________________

   ______________________________________________

   b) Schreibe einen Brief an Abeke, damit sie sich besser fühlt. Schreibe in dein Heft.

http://www.lernwege-deutsch.de/44




Text: Mull Brandon: Spirit Animals (Band 1). Ravensburg: Ravensburger Buchverlag 2017, S. 30–31

# Fabelhaftes lesen

## Fabeln untersuchen und verstehen

**1.** Beschreibe das Bild.

**2.** Ordne den Tieren im Bild Adjektive zu, die du im Kasten siehst. Lege dazu eine Tabelle an. Du brauchst sieben Zeilen. Schreibe in dein Heft. Manche Wörter kannst du mehrfach verwenden. Du kannst auch eigene Adjektive hinzufügen.

| | |
|---|---|
| Mistkäfer | klein, ... |
| Rabe | |
| ... | |

**In diesem Kapitel kannst du lernen, ...**

- mit Fabeln zu arbeiten, um sie besser zu verstehen.
- woran du Fabeln erkennen kannst.
- dass Fabeln gemeinsame Merkmale haben.

**Hier findest du heraus, was du schon kannst:**

## Der Mistkäfer und die Biene (nach: Sophos)

Ein Mistkäfer sah eine Biene, die eine Menge Honig produzierte. Dem Mistkäfer gefiel, was er sah, und er bat die Biene, dass er ihr Schüler werden dürfe. Sie erfüllte seinen Wunsch und der Mistkäfer durfte von ihr lernen. Als er jedoch keinen Honig bereiten konnte, stach ihn die Biene mit ihrem Stachel und tötete ihn. Kurz bevor er starb, sprach er: „Mit Recht ist mir dies zuteilgeworden! Denn ich, der ich im Mist weile, habe mich dem Honig genähert.“ *Dies lehrt, dass der Mensch sich niemals einem Geschäft unterziehen solle, das er nicht versteht.*

**1.** Lies dir die Fabel durch und kreuze die richtigen Antworten an.

Der Mistkäfer
- ☐ will der Biene Honig abkaufen.
- ☐ will von der Biene lernen.
- ☐ will selbst Honig machen können.

Die Biene tötet den Mistkäfer,
- ☐ weil er ihr den Honig weggenommen hat.
- ☐ weil er böse zu ihr ist.
- ☐ weil er keinen Honig machen kann.

Der Mistkäfer meint dazu,
- ☐ dass die Biene das Recht hat, ihn zu töten.
- ☐ dass die Biene kein Recht hat, ihn zu töten.

**2.** Sophos möchte, dass die Menschen aus der Fabel etwas lernen können. Schreibe die Lehre in eigenen Worten im Heft auf.

## Tiere und ihre Eigenschaften

In Fabeln sind die Hauptfiguren meistens Tiere. Sie haben besondere Eigenschaften.

1. Schreibe auf, wie die Tiere heißen. Schreibe ihren Namen mit dem passenden Artikel auf die Linien. Helfen kann dir die Wörterbox unten.

2. Suche im Wortgitter zehn Eigenschaften (Adjektive). Folgende Wörter sind versteckt: listig, stolz, mächtig, schnell, mutig, fleißig, schlau, flink, klein, groß.

der Rabe ______

______

______

______

______

______

______

______

| | | | | | | | | | | | | | |
|---|---|---|---|---|---|---|---|---|---|---|---|---|---|
| I | I | F | E | D | D | Q | Y | B | F | R | V | L | S |
| N | L | L | P | U | L | G | P | Y | L | B | U | I | C |
| Z | I | I | R | F | I | V | K | X | E | L | S | E | H |
| T | I | N | Z | U | S | X | L | G | I | E | C | X | N |
| H | C | K | D | I | T | W | E | O | ß | T | H | X | E |
| X | H | Y | I | Q | I | R | I | E | I | J | L | Q | L |
| M | V | Y | M | C | G | F | N | Y | G | O | A | V | L |
| C | W | I | B | E | K | Y | C | J | N | D | U | R | Z |
| V | M | D | I | B | Z | G | T | H | T | R | F | U | G |
| I | U | X | F | R | S | T | O | L | Z | C | H | T | R |
| F | T | K | R | K | W | E | E | H | X | H | V | W | O |
| P | I | Z | P | A | J | G | Q | W | K | N | V | W | ß |
| U | G | B | L | M | Ä | C | H | T | I | G | X | C | W |
| T | L | K | Q | B | Z | W | L | H | H | N | S | Z | J |

______

~~Rabe~~, Fuchs, Frosch, Maus, Storch, Löwe, Hahn, Hase, Ochse

*Ein bösartiger Frosch – Fabeln verstehen und Informationen entnehmen*

## Martin Luther: Vom Frosch und der Maus

Eine Maus wollte gerne einen Fluss überqueren, konnte dies aber nicht. Sie bat deshalb einen Frosch um Hilfe.

Der Frosch war bösartig und sprach zur Maus: „Binde deinen Fuß an meinen Fuß, so will ich schwimmen und dich hinüberziehen."

Als sie aber in das Wasser kamen, tauchte der Frosch hinunter und wollte die Maus ertränken.

Während aber die Maus sich wehrte und versuchte, sich zu retten, flog ein Greifvogel daher und schnappte die Maus. Er zog den Frosch auch mit heraus und fraß sie beide.

**1.** Ordne die Bilder den Abschnitten zu. Verbinde mit einem Stift.

**2.** Beantworte die Fragen in ganzen Sätzen in deinem Heft.
   a) Wer sind die beiden Hauptfiguren?
   b) Warum bittet die Maus den Frosch um Hilfe?
   c) Wie reagiert der Frosch auf die Bitte der Maus?
   d) Wie endet die Fabel?

**3.** Martin Luther wollte, dass die Menschen beim Lesen der Fabel etwas lernen. Welche Lehre passt? Kreuze sie an.

- ☐ Der Klügere gibt nach.
- ☐ Überlege, mit wem du dich einlässt.
- ☐ Was dir heute nutzt, kann dir morgen schaden.


Text: Martin Luther; Fabeln, Darmstadt 1924, S. 71

## *Ein listiger Fuchs – eine Fabel in die richtige Reihenfolge bringen*

### Gotthold Ephraim Lessing: Der Rabe und der Fuchs

Ein Rabe trug ein Stück vergiftetes Fleisch, das der erzürnte Gärtner für die Katzen seines Nachbarn hingeworfen hatte, in seinen Klauen fort.

1

„Für wen siehst du mich an?“, fragte der Rabe. „Für wen ich dich ansehe?“, erwiderte der Fuchs. „Bist du nicht der rüstige Adler, der täglich von der Rechten des Zeus* auf diese Eiche herabkommt, mich Armen zu speisen? Warum verstellst du dich? Sehe ich denn nicht in der siegreichen Klaue die erflehte Gabe, die mir dein Gott durch dich zu schicken noch fortfährt?“

Und eben wollte er es auf einer alten Eiche verzehren, als sich ein Fuchs herbeischlich und ihm zurief: „Sei mir gesegnet, Vogel des Jupiter*!“

Der Fuchs fing das Fleisch lachend auf und fraß es mit boshafter Freude. Doch bald verkehrte sich die Freude in ein schmerzhaftes Gefühl: Das Gift fing an zu wirken, und er verreckte.

Der Rabe erstaunte und freute sich innig, für einen Adler gehalten zu werden. „Ich muss“, dachte er, „den Fuchs aus diesem Irrtum nicht bringen.“ – Großmütig dumm ließ er ihm also seinen Raub herabfallen und flog stolz davon.

1. Die Fabel ist durcheinandergeraten.
   Suche für jedes Textfeld das passende Bild. Verbinde mit einem Bleistift.

2. Überlege dir eine sinnvolle Reihenfolge für die Textfelder.
   Die Bilder helfen dir dabei. Nummeriere sie.

3. Wie könnte die Lehre zur Fabel lauten? Schreibe in eigenen Worten auf:

______________________________________________



* Zeus, Jupiter: Götter der Griechen/Römer



Text: Gotthold Ephraim Lessing: Fabeln. Berlin: Wegweiser-Verlag 1927, S. 52

## *Zwei ungewöhnliche Einladungen zum Essen: der Fuchs und der Storch*

### Äsop: Der Fuchs und der Storch

______________________________

Ein Fuchs hatte einen Storch zu Gast, und setzte ihm die köstlichsten Dinge vor. Die Speisen lagen aber nur auf ganz flachen Schüsseln, aus denen der Storch mit seinem langen Schnabel nichts fressen konnte. Gierig fraß der Fuchs alles alleine, obgleich er den Storch unaufhörlich bat, er solle es sich schmecken lassen.

______________________________

Der Storch fand sich betrogen, blieb aber heiter. Er lobte die Bewirtung über alle Maßen und bat seinen Freund, am anderen Tag mit ihm zu essen. Der Fuchs mochte wohl ahnen, dass der Storch sich rächen wollte, und wies die Einladung ab. Der Storch aber ließ nicht nach, bis der Fuchs dann endlich einwilligte.

______________________________

Als er nun am anderen Tag zum Storch kam, fand er alle möglichen Leckerbissen aufgetischt. Sie waren aber in langhalsigen Geschirren abgefüllt.
„Folge meinem Beispiel", rief ihm der Storch zu, „und fühle dich so, als wenn du zu Hause wärest." Der Storch schlürfte nun mit seinem Schnabel alles alleine auf, während der Fuchs zu seinem größten Ärger nur etwas riechen und vom Geschirr außen etwas ablecken konnte.

______________________________

Hungrig stand er vom Tisch auf und gestand, dass der Storch ihm eine ordentliche Lektion für seinen Hochmut beigebracht habe.

1. Finde zu jedem Textabschnitt eine passende Überschrift.

2. Der Fuchs lernt am Ende vom Storch. Erkläre, warum. Schreibe in dein Heft.

3. Der Fuchs erzählt einem Freund von seiner Essenseinladung beim Storch.
   Was wird der Fuchs erzählen? Schreibe in dein Heft.

# Fabelhaftes schreiben

## *Eine Fabel verfassen*

**1.** Lukas soll in der Schule eine Fabel erzählen. Hilf ihm. Wähle eine Fabel aus, die dir besonders gefällt. Notiere dir Stichworte.
Wenn du dich nicht mehr an eine Fabel erinnern kannst, schaue im Kapitel „Fabelhaftes Lesen“, S. 32–37 nach.

Aufbau einer Fabel:

Ausgangslage (Wer? Wo?):

______________________________

Streit (Was passiert?):

______________________________

Lösung / Ende der Fabel:

______________________________

Lehre (Was kann der Leser lernen?):

______________________________

## In diesem Kapitel kannst du lernen, ...

- den Tieren einer Fabel Eigenschaften zuzuordnen.
- eine Fabel nach Bildern zu schreiben.
- eine Fabel weiterzuschreiben.
- eine Fabel aus einer anderen Perspektive zu erzählen.

## Hier findest du heraus, was du schon kannst:

1. Fabelquiz: Kreuze an, was stimmt. Achtung: Es ist immer nur eine Antwort richtig.

Wie könnte der Anfang einer Fabel lauten?

- ☐ Eine Schildkröte bat einen Adler, ihr Unterricht im Fliegen zu geben.
- ☐ Es ist schon lange her, da hatten die Ulmer einen sehr langen Balken in die Stadt bringen müssen.
- ☐ Es war einmal ein Schloss mitten in einem Wald.

Wer sind die typischen Hauptfiguren in einer Fabel?

- ☐ Typische Fabelfiguren sind Menschen, z. B. Könige, Prinzessinnen, Ritter und Hexen.
- ☐ Typische Fabelfiguren sind Tiere, z. B. Löwe, Maus, Rabe.

Wie verläuft eine typische Fabelhandlung?

- ☐ Meistens geraten zwei Tiere in einen Streit. Dieser wird so gelöst, dass man daraus etwas lernen kann.
- ☐ Ein Held muss eine Aufgabe erfüllen, die er löst. Dafür wird er belohnt.
- ☐ Mehrere Personen fahren in ein unbekanntes Land und erleben Abenteuer.

Welches Ende passt zu einer Fabel?

- ☐ ... und wenn sie nicht gestorben sind, dann leben sie noch heute.
- ☐ Was dir heute nutzt, kann dir morgen schaden.
- ☐ Sie wachte auf und merkte, dass sie das alles nur geträumt hatte.

Warum wurden Fabeln geschrieben?

- ☐ Die Autoren erzählten von Tieren statt von Menschen. Sie wollten, dass die Menschen etwas lernen.
- ☐ Die Autoren erzählten von wahren Begebenheiten.

# Sätze zu einer Fabel schreiben: Vom Fuchs und dem Hahn

**1.** Der Fuchs und der Hahn sind typische Fabeltiere. Im Kasten siehst du jeweils drei Wörter. Streiche in jedem Kasten ein Wort, das nicht zum Tier passt. Wenn du ein Wort nicht kennst, schaue im Wörterbuch oder Internet nach.

**2.** Du siehst oben eine typische Szene aus der Fabel „Der Fuchs und der Hahn". Was könnten die Tiere sagen? Fülle die Sprechblasen.

**3.** a) Schreibe Sätze zum Bild.
Nutze dazu die Wörter. Schreibe am Satzanfang groß und ergänze fehlende Wörter. Schreibe in dein Heft.

Hahn – saß – Gartenzaun – krähte – morgens
Fuchs – blickte – Hahn – hungrig – hinauf
grüßte – Fuchs – freundlich
Hahn – erschrak – Feind – sah
Fuchs – bot an – schließen – Frieden – zu
Fuchs – immer – hungrig – noch – war
Hahn – überlegte – sprach: „Ja, lass uns Frieden schließen!"
Beispiel: *Ein Hahn saß morgens auf einem Gartenzaun und krähte.*

b) Wie könnte die Fabel enden? Überlege dir 2 bis 3 Sätze und schreibe sie in dein Heft.

## Eine Fabel zu Bildern schreiben

______________________ ______________________ ______________________ ______________________

______________________ ______________________ ______________________ ______________________

**1.** Schreibe unter jedes Bild einen kurzen Satz.

**2.** Ordne dem Frosch und dem Ochsen folgende Eigenschaften zu:
stolz, klein, groß, unbeeindruckt, eingebildet, hochmütig, stur.

Frosch: ______________________ Ochse: ______________________

______________________ ______________________

**3.** Welche Lehre passt? Kreuze sie an.

- ☐ Man soll zufrieden sein, wie man ist.
- ☐ Wir bewundern oft Eigenschaften an uns, die der Weg zu unserem Unglück sind.
- ☐ Bist du klug, so glaube nie eigennützigen Ratschlägen.

**4.** Fülle den Notizzettel aus.

**Der Frosch und der Ochse**

Ausgangslage (Wer? Wo?): *Ein Frosch sah einen Ochsen, der über eine Wiese ging.*

Streit (Was passiert?): ______________________

Lösung / Ende der Fabel: ______________________

Lehre (Was kann der Leser lernen?): ______________________

______________________

**5.** Schreibe die Fabel in dein Heft.

*Eine Fabel zu Ende schreiben*

## Der Hase und der Fuchs

Ein Hase hatte großen Durst. Er stieg in einen Brunnen, um seinen Durst zu stillen. Er trank von dem kühlen Wasser und wollte sich wieder auf den Weg machen. Doch er konnte nicht wieder die Brunnenwand hinaufsteigen. Da fand ihn ein Fuchs, der gerade vorbeikam ...

1. Lies den Anfang der Fabel. Überlege: Wie könnte die Fabel weitergehen?
   a) Was könnten Hase und Fuchs sagen? Fülle die Sprechblasen.
   b) Notiere dir Stichworte:

| | |
|---|---|
| Ausgangslage (Wo, Wer?): | *Wo? Brunnen*<br>*Wer? Hase und Fuchs*<br>*Hase hatte großen Durst*<br>... |
| Streit (Was passiert?): | |
| Lösung / Ende der Fabel: | |
| Lehre: | |

   c) Schreibe die Fortsetzung in dein Heft.

## *Eine Fabel aus einer anderen Perspektive erzählen*

### Martin Luther: Von der Stadtmaus und der Feldmaus

Eine Stadtmaus ging spazieren und kam zu einer Feldmaus. Die Feldmaus war gerade beschäftigt, Nüsse und Eicheln zu sammeln.
Die Stadtmaus sprach: „Was willst du hier in Armut leben! Komm mit mir!"
Die Feldmaus zog mit ihr in die Stadt in ein schönes Haus. Die Stadtmaus zeigte ihr die Kammern, die voll waren von Fleisch, Speck, Würsten, Brot, Käse. Da sprach die Stadtmaus: „Nun iss und sei guter Dinge. Solcher Speise habe ich täglich im Überfluss."
Da kam der Kellner und rumpelte mit den Schlüsseln an der Tür. Die Mäuse erschraken und liefen davon. Die Stadtmaus fand bald ihr Loch, aber die Feldmaus wusste nirgends hin, lief die Wand auf und ab und gab schon ihr Leben verloren.
Da der Kellner wieder hinaus war, sprach die Stadtmaus: „Es hat nun keine Not, lass uns guter Dinge sein." Die Feldmaus antwortete: „Du hast gut reden, du wusstest dein Loch fein zu treffen, derweil bin ich schier vor Angst gestorben. Ich will dir sagen, was meine Meinung ist: Bleib du eine Stadtmaus und friss Würste und Speck, ich will ein armes Feldmäuslein bleiben und meine Eicheln essen. Du bist keinen Augenblick sicher vor dem Kellner, vor den Katzen, vor so vielen Mäusefallen, und das ganze Haus ist dir feind. Von alldem bin ich frei und bin sicher in meinem armen Feldlöchlein."
Wer reich ist, hat viel Sorge.

**1.** Die Feldmaus ist zurück auf dem Land. Sie erzählt einem Mäusefreund von ihrer Zeit mit der Stadtmaus.

Beginne so: Vor ein paar Tagen traf ich die Stadtmaus ...

a) Fülle die Wörtersonne. Schreibe Stichworte auf.

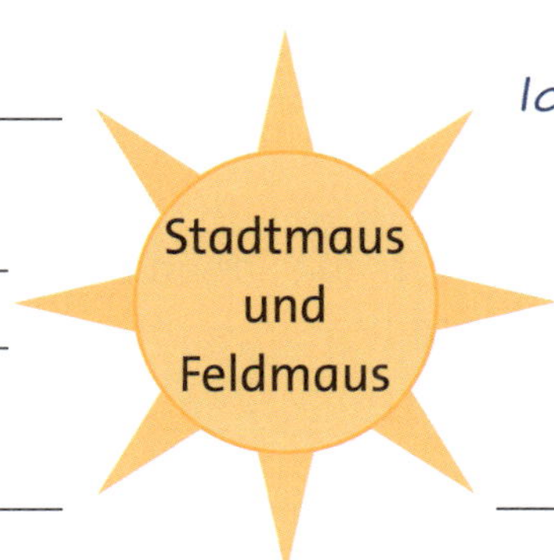


_______________ *Ich sammelte Vorräte.*

_______________ _______________

_______________ _______________

_______________ _______________

_______________

b) Schreibe den Text in dein Heft. Schreibe in Ich-Form.

http://www.lernwege-deutsch.de/45

# Sagenhaftes lesen

*Sagen untersuchen und verstehen*

## Sage

Eine Sage (althochdeutsch: saga = Gesagtes) ist eine Erzählung aus der Vergangenheit. Sie wurde über Jahrhunderte von Menschen mündlich weitergegeben. Eine Sage berichtet häufig von rätselhaften Personen, geheimnisvollen Orten und unerklärlichen Ereignissen, die es wirklich gegeben hat. Manches davon ist bis heute noch sichtbar und bekannt. Vieles in einer Sage ist aber auch erfunden. Sagen gibt es von verschiedenen Völkern.

**1.** Lies den Text und beantworte dann die Fragen.

a) Wovon berichten Sagen häufig?

______________________________

______________________________

b) Wie lässt sich erklären, dass in Sagen vieles nur erfunden ist?

______________________________

______________________________

**2.** Suche in einer Bibliothek nach Büchern, die Sagen enthalten, oder suche nach Sagen im Internet. Wähle eine Sage aus und lies sie.

a) Ich habe folgende Sage ausgesucht: ______________________________

b) Das könnte an der Sage erfunden sein: ______________________________

______________________________

______________________________

## In diesem Kapitel kannst du lernen, ...

- wie man sich den Inhalt einer Sage erschließt.
- an welchen Merkmalen man Sagen erkennt.
- wie man die wahren Elemente einer Sage erforschen kann.

## Hier findest du heraus, was du schon kannst:

1. Kreuze jeweils die richtige Antwort an.

Wie könnte der Anfang einer typischen Sage lauten?

- [ ] Es war einmal ein armer Müllersohn, der lebte in einem fernen Land.
- [ ] Im Jahre 974 herrschte eine große Hungersnot in Deutschland.
- [ ] Eines Tages werde ich dem Geheimnis auf die Spur kommen.

Wer kommt in einer typischen Sage häufig vor?

- [ ] In einer Sage kommen Personen vor, die wirklich gelebt haben.
- [ ] In einer Sage kommen nur Tiere vor.
- [ ] In einer Sage kommen nur erfundene Personen vor.

Was geschieht in einer typischen Sage?

- [ ] Es geschehen unerklärliche Dinge.
- [ ] Es passieren ausschließlich logische Ereignisse.
- [ ] Es wird nur berichtet, was wirklich passierte.

Wie könnte eine typische Sage enden?

- [ ] Und wenn sie nicht gestorben sind, dann leben sie noch heute.
- [ ] Damit ist klar, dass es auch bei Mäusen Dankbarkeit gibt.
- [ ] Seit dieser Zeit nennt man den Turm nur noch „Mäuseturm".

Die wahren Elemente einer Sage ...

- [ ] erkennt man anhand der unterstrichenen Schlüsselwörter.
- [ ] lassen sich mithilfe geschichtlicher Informationen erforschen.
- [ ] kann man eigentlich gar nicht erforschen.

# Wortschatz: Das kommt in der Sage vor

**1.** Sortiere die Wörter und bilde Sätze. Schreibe am Satzanfang groß.

die – Stadt – Hameln – heißt

*Die Stadt heißt Hameln.*

viele – Ratten – es – gibt – dort

______________________________

die – fressen – die – Vorräte – Tiere

______________________________

Menschen – wütend – sind – die

______________________________

helfen – mit – einer – Mann – ein – Flöte – kann

______________________________

Ratten – alle – Mann – folgen – dem – den – Fluss – in

______________________________

**2.** a) Lies den Text deinem Partner vor.
Der Text steht im Präsens (Gegenwart). Ersetze das Präsens durch Präteritum (Vergangenheit). Schreibe über die unterstrichenen Verben.

### Ratten und Mäuse

In der Stadt Hameln ~~gibt~~ *gab* es viele Ratten und Mäuse.

Die Tiere fressen die Vorräte.

Die Menschen sind sehr wütend.

Da kommt ein Mann mit einer Flöte.

Er will den Menschen helfen.

Der Mann und die Menschen schließen einen Vertrag.

Dann spielt der Mann auf seiner Flöte.

Alle Ratten laufen ihm hinterher.

Sie gehen in den Fluss und ertrinken.

| | | | | |
|---|---|---|---|---|
| gingen | ~~gab~~ | wollte | ertranken | liefen |
| fraßen | waren | schlossen | spielte | kam |

b) Schreibe den Text im Präteritum ab.

*In der Stadt Hameln gab es viele Ratten und Mäuse.*

c) Stelle Fragen zum Text. Schreibe in dein Heft.
*Beispiel: Wo gab es viele Ratten und Mäuse?*

*Wo ...?* *Wer ...?* *Was ...?*

## Eine Sage untersuchen und verstehen 1

### Der Rattenfänger von Hameln (Teil 1)

Im Jahr 1284 herrschte in der Stadt Hameln eine fürchterliche Ratten- und Mäuseplage. Alles, was den Tieren in die Quere kam, wurde angenagt und aufgefressen.

Da waren Hamelns Bürger und allen voran der Bürgermeister sehr froh, als eines Tages ein Mann in die Stadt kam, der versprach, Hameln von dieser Plage zu befreien.

Der Mann trug den Namen Bundting, weil er so bunte Kleidung trug, die jedermann sogleich ins Auge stach.

Natürlich wollte der Mann seinen Dienst nicht umsonst verrichten, aber schnell war man sich über einen Geldbetrag einig. Den sollte Bundting erhalten, wenn alle Mäuse und Ratten aus der Stadt entfernt sein würden.

Und so geschah es auch. Kaum war der Vertrag zwischen dem Bürgermeister und dem Rattenfänger, so nannte sich der Mann, geschlossen, da nahm er aus seiner Jackentasche eine kleine Flöte und spielte darauf eine wunderschöne Melodie.

Kaum aber hatte er den ersten Ton angeschlagen, da kamen schon aus allen Ecken und Winkeln die Ratten und Mäuse gelaufen und schlossen sich dem Rattenfänger an.

Als er nun meinte, alle Tiere eingesammelt zu haben, da zog er mit ihnen aus dem Stadttor hinaus, ging an die Ufer der Weser, die durch Hameln fließt, und zog sich seine bunten Kleider aus. Dann stieg er hinab in den Fluss – und alle Ratten und Mäuse folgten ihm und ertranken in den Fluten.

1. Lies zunächst nur die Überschrift und die unterstrichenen Satzanfänge der einzelnen Abschnitte. Du kannst dir den Text auch anhören.
   a) Um was geht es in diesem Text? Schreibe mindestens drei Sätze.

   *Beispiel: Ich vermute, dass es im Text* ______________________

   ______________________

   ______________________

http://www.lernwege-deutsch.de/46




Text: http://www.labe.de/lesekorb/index.asp?themaid=130&titelid=1727

b) Vervollständige die Fragen zu dem Text.

Der Rattenfänger von Hameln

Wann geschah ...

Wo geschah ...

Wer war ...

Warum folgten ...

Was passierte ...

**2.** Lies den ganzen Text langsam und konzentriert durch.

**3.** Beantworte die Fragen aus Aufgabe 1 b) in ganzen Sätzen.

Wann ...? *Das Ereignis geschah ...*

Wo ...?

Wer ...?

Was ...?

Warum ...?

**4.** Male den „Bundting“ auf Seite 48 so aus, wie du ihn dir vorstellst.

## Eine Sage untersuchen und verstehen 2

### Der Rattenfänger von Hameln (Teil 2)

Nun kehrte der Rattenfänger zurück in die Stadt, um seinen Lohn abzuholen. Doch den wollte man dem Bundting plötzlich nicht mehr zahlen und so musste er unverrichteter Dinge abziehen.
Einige Wochen später aber kehrte der Rattenfänger zurück nach Hameln. Dieses Mal kam er im Gewand eines Jägers daher, sodass ihn die Menschen nicht sofort erkannten. Wieder zog er seine kleine Flöte aus der Jackentasche und spielte jene wunderschöne Melodie, mit der er schon die Nagetiere aus Hameln gelockt hatte. Aber was war das! Dem Jäger mit seiner Flöte folgten dieses Mal nicht Ratten und Mäuse, sondern Mädchen und Jungen.
In Scharen liefen alle Kinder mit, die älter als vier Jahre waren. Der Rattenfänger führte sie aus der Stadt hinaus, hin zu einem Berg, der Poppenberg genannt wird, wo er mit ihnen für immer verschwand, noch ehe jemand etwas davon bemerkt hatte. Nur zwei Kinder, die sich etwas verspätet hatten, konnten dem Rattenfänger entkommen. Doch das eine Kind blieb nach dem Vorfall blind, so dass es den Weg nicht mehr zeigen konnte, und das andere wurde taubstumm, so dass es nichts mehr von den Geschehnissen berichten konnte.
Nur ein Kindermädchen hatte den Auszug der Mädchen und Jungen aus der Stadt beobachtet und später allen davon berichten können. Mütter und Väter, Großeltern, Tanten und Onkel trauerten sehr um ihre verlorenen Kinder. Lange Zeit hieß in Hameln jene Straße, durch die die Kinder mit dem Rattenfänger gezogen waren, „bungelose“ Straße (stille, tonlose, trommellose Straße). Und selbst, wenn eine junge Braut an ihrem Hochzeitstage durch diese Straße zog, durfte dort niemals Musik gespielt werden.

http://www.lernwege-deutsch.de/47

1. Lies den Text „Der Rattenfänger von Hameln (Teil 1)“ auf Seite 48 und die Fortsetzung auf Seite 50 durch. Du kannst dir den Text auch anhören.

2. Lies die Fortsetzung ein zweites Mal durch.
   a) Unterstreiche wenige Schlüsselwörter, die dir wichtig erscheinen.
   b) Schreibe mithilfe der Schlüsselwörter in dein Heft, was in der Fortsetzung passierte.

3. Wie ist deine eigene Meinung zum Verhalten der Bürger und des Rattenfängers? Schreibe mindestens fünf Sätze.

4. Prüfe, ob es sich beim „Rattenfänger von Hameln“ um eine Sage handelt.

| **Der Text enthält ...** | |
|---|---|
| ... genaue Ortsangaben. | *Hameln* |
| ... genaue Zeitangaben. | |
| ... rätselhafte Personen. | |
| ... unerklärliche Ereignisse. | |
| ... heute noch sichtbare Erinnerungen. | |

Info:
Sagen sind mündlich weitergegebene Erzählungen. Sie enthalten oft typische Merkmale: genaue Orts- und Zeitangaben, rätselhafte Personen oder Wesen, unerklärliche Ereignisse mit einem wahren Kern und Dinge, die heute noch daran erinnern.

## Eine Sage untersuchen und verstehen 3

### Mit dem geschichtlichen Hintergrund die Wahrheit erforschen

Seit Mitte des 11. Jahrhunderts wurden in vielen Städten und Dörfern neue Siedler für Gebiete im Osten Europas gesucht. Es zogen auffällig bunt gekleidete Lokatoren umher, die sich mithilfe von Trommeln oder Pfeifen an öffentlichen Plätzen lautstark bemerkbar machten. Sie machten Werbung für eine neue Heimat und versprachen den Siedlern gute Arbeitsbedingungen und große Landflächen, die sie als freie Bauern, ohne Fronarbeit für einen Landesherren bewirtschaften konnten. Die attraktiven Versprechungen lockten vor allem junge Paare mit kleinen Kindern nach Mähren, Ostpreußen oder Siebenbürgen. Alle diese Landstriche lagen so weit von der Heimat entfernt, dass die Eltern der jungen Paare nach der Auswanderung nie wieder etwas von ihnen gehört oder gesehen haben. Moderne Kommunikationsmittel gab es zu jener Zeit schließlich genauso wenig wie schnelle Verkehrsmittel. Kein Wunder also, dass viele Bewohner von Städten und Dörfern nicht wollten, dass ihre jungen Nachkommen die Heimat verließen.

1. Lies den Text einmal durch.
   a) Unterstreiche Wörter, die dir unklar sind, mit Bleistift.
   b) Schlage die unklaren Wörter in einem digitalen Wörterbuch nach und notiere dir die Erklärung.

*Beispiel:*
*Lokatoren: von ihrem Landesherrn beauftragte Landverteiler im Mittelalter*

**2.** Lies den Text ein zweites Mal durch.

a) Was könnte damals wirklich passiert sein, das zur Entstehung der Sage vom Rattenfänger führte?

b) Übersetze die Inschrift des alten Hamelner Rathauses in eine moderne Sprache.

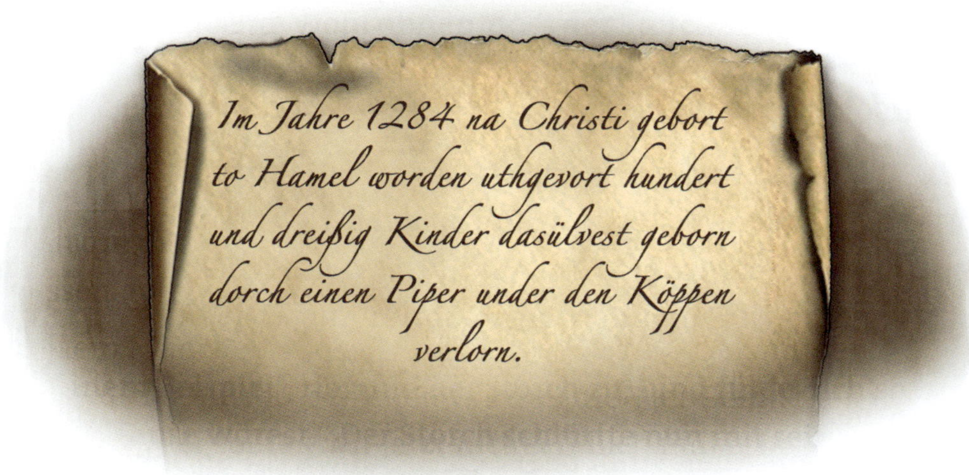


**3.** Suche im Internet nach weiteren möglichen Erklärungen für die Entstehung der Sage vom Rattenfänger.

a) Diskutiere die möglichen Erklärungen mit einem Partner.

b) Welche Erklärung überzeugt dich am meisten? Begründe deine Meinung schriftlich in deinem Heft.

**Das ist mir aufgefallen:**

| Die wahren Elemente einer Sage lassen sich … | richtig | falsch |
| --- | --- | --- |
| … eigentlich gar nicht erforschen. | ☐ | ☐ |
| … mithilfe von geschichtlichen Informationen erforschen. | ☐ | ☐ |

# Sagenhaftes schreiben

## Personen beschreiben

### Eine griechische Hochzeit

Vor etwa 3000 Jahren fand eine Hochzeit statt. Dazu waren auch die griechischen Götter eingeladen. Nur Eris, die Göttin der Zwietracht, war nicht eingeladen. Sie kam trotzdem zu dem Fest. Aus Rache warf Eris einen goldenen Apfel mit der Aufschrift „Für die schönste Göttin“ auf den Boden. Sofort begann ein Streit darüber, wer die Schönste sein sollte: Hera, die Frau des Göttervaters Zeus, Athene, die Göttin der Weisheit, oder Aphrodite, Göttin der Liebe. Göttervater Zeus wollte den Streit beenden. Er bat Paris, den Sohn des Königs von Troja, darum, die Schönste auszuwählen. Die listige Aphrodite versprach Paris die schönste Frau der Welt, wenn er sie zur schönsten Göttin wählen würde. Auf diese Weise erhielt sie den goldenen Apfel.
Helena, die schönste Frau der Welt, war bereits mit Menelaos, dem König von Sparta, verheiratet. Paris entführte die schöne Helena und brachte sie nach Troja. Odysseus und andere tapfere Kämpfer wollten Helena wieder befreien. So kam es zum Trojanischen Krieg.

**1.** Betrachte das Bild genau und beschreibe in deinem Heft, was du siehst.

**2.** Lies den Text. Du kannst dir den Text auch anhören.
a) Welche Personen sind auf dem Bild dargestellt?

___

___

b) Schreibe auf, welche Personen im Text außerdem benannt werden.

___

http://www.lernwege-deutsch.de/48

**In diesem Kapitel kannst du lernen, ...**

- die griechische Sagenwelt besser zu verstehen.
- wie man eine Person aus einer Sage näher beschreibt.

**Hier findest du heraus, was du schon kannst:**

1. Kreuze jeweils die richtige Antwort an.

Ein bekannter Held der griechischen Sagenwelt heißt ...
- ☐ Julius Cäsar
- ☐ Hannibal
- ☐ Odysseus

Was sollte in einer Personenbeschreibung vorkommen?
- ☐ Die guten und schlechten Taten einer Person werden beschrieben.
- ☐ Das Aussehen einer Person wird beschrieben.
- ☐ Es wird beschrieben, was eine Person erlebt hat.

Wie könnte eine Personenbeschreibung beginnen?
- ☐ Der Kopf der Göttin ist schmal.
- ☐ Aphrodite ist die Göttin der Liebe.
- ☐ Aphrodite ist eine hinterlistige Person.

Wie beschreibt man das Aussehen einer Person?
- ☐ Es wird nur der Kopf genau beschrieben.
- ☐ Es werden der Kopf und die Kleidung beschrieben.
- ☐ Es wird von Kopf bis Fuß beschrieben.

Welcher Gegenstand ist im Text auf der linken Seite genau beschrieben?
- ☐ ... ein goldener, runder Apfel.
- ☐ ... ein gemeiner Zankapfel.
- ☐ ... ein goldenes, rundes Ding.

# Sagenheld Odysseus – den Kopf beschreiben

Odysseus war ein griechischer Krieger. Er wollte Helena befreien.
So könnte Odysseus ausgesehen haben:

**1.** a) Betrachte das Bild.
Beschreibe den Kopf von Odysseus. Verwende folgende Adjektive:
*schmal, klein, breit, kurz, braun, schwarz*

Das Gesicht ist *schmal.* __________

Die Augen sind __________

Die Nase __________

Die Ohren __________

Die Haare __________

b) Die Endung von Adjektiven kann sich im Satz verändern. Schreibe richtig auf.

*Odysseus hat ein schmales Gesicht.*

Odysseus hat __________

Er hat eine __________ Nase.

Der Krieger hat __________

Er hat __________

c) Finde das Gegenteil.

| | | | |
|---|---|---|---|
| schmal – | *breit* | dünn – | ________ |
| kurz – | ________ | eckig – | ________ |
| klein – | ________ | hell – | ________ |

## Sagenheld Odysseus – den Körper beschreiben

Körperbau
kräftig
_______________
_______________

Kleidung
Oberkörper
Rüstung, Unterkleid
_______________
_______________
_______________

Unterkörper
Rock
_______________
_______________
_______________

Odysseus

Besonderheiten
_______________
_______________

**1.** Betrachte das Bild genau.
a) Sammle mithilfe einer Mindmap Wörter, die den Körper von Odysseus beschreiben. Schreibe sie hinein.
b) Beschreibe auch Farbe und Material der Kleidungsstücke. Du kannst solche Wörter verwenden:
*braun, grau, silber, aus Stoff, aus Metall, aus Leder, …*

Oberkörper: graue Rüstung aus Metall, _______________
_______________

Unterkörper: _______________
_______________
_______________
_______________

*Das Verhalten einer Person beschreiben*

## Das Trojanische Pferd

Das griechische Heer des tapferen Odysseus kämpfte bereits zehn Jahre gegen Troja, ohne die Stadt erobern zu können. Viele Opfer waren bereits zu beklagen, die Kämpfer waren des Kämpfens müde. Auch der stolze Odysseus wurde ungeduldig. Doch er wollte unbedingt siegreich in die Heimat zurückkehren. Und so schmiedete der ideenreiche Held einen schlauen Plan. Bald begannen seine Leute damit, ein riesiges hölzernes Pferd auf Rädern zu bauen. Im Innern des Holzpferdes befand sich ein Hohlraum, der Platz für 30 Kämpfer bot.

Die Griechen stellten das Pferd vor die Tore Trojas und fuhren mit ihren Schiffen zum Schein ab. Viele Trojaner glaubten deshalb der Nachricht, die kriegsmüden Griechen hätten die Belagerung nun endlich aufgegeben und hätten ihnen das Pferd als Geschenk der Anerkennung und Versöhnung überlassen. Sie holten das Pferd in ihre Stadt und feierten ein großes Fest.

In der folgenden Nacht kletterten die Kämpfer um den listigen Odysseus aus dem Pferd und öffneten heimlich die Tore Trojas. Die griechischen Schiffe waren inzwischen zurückgekehrt und alle Krieger gelangten nun mühelos in die ungeschützte Stadt, die schnell erobert wurde.

**1.** Lies den Text aufmerksam durch. Du kannst dir den Text auch anhören.

**2.** Lies den Text noch einmal. Finde für jeden Abschnitt eine passende Überschrift.
Abschnitt 1: ______________________________
Abschnitt 2: ______________________________
Abschnitt 3: ______________________________

**3.** Wie sah der schlaue Plan von Odysseus aus?
a) Unterstreiche im Text mit blauer Farbe, was seine Kämpfer machten.
b) Unterstreiche mit grüner Farbe, was die Bewohner von Troja machten.
c) Fasse den Plan von Odysseus zusammen. Schreibe ins Heft.

http://www.lernwege-deutsch.de/49

*Eine Personenbeschreibung verfassen*

## Über Odysseus wird geforscht

Der griechische Sagenheld Odysseus soll vor etwa 3000 Jahren gelebt haben. Viele Forscher versuchen heute zu beschreiben, wer Odysseus wirklich war, welche Charaktereigenschaften er hatte und wie er wohl ausgesehen hat.

1. Schreibe mithilfe der Informationen dieses Kapitels eine ausführliche Personenbeschreibung von Odysseus. Gehe so vor:

a) Erkläre zuerst, um welche Person es sich handelt.
*Odysseus war ein griechischer Sagenheld. Er soll vor etwa 3000 Jahren gelebt haben. ...*

b) Beschreibe die Charaktereigenschaften der Person (siehe Seite 58).
*Aus den Erzählungen geht hervor, dass Odysseus ...*

c) Beschreibe das Aussehen der Person von oben nach unten und in allen Details: Kopf, Körper, Kleidung und Besonderheiten (siehe Seite 56-57).
*Wie Odysseus ausgesehen haben könnte, lässt sich nur vermuten. In meiner Vorstellung hatte er ...*

# Dichterwerkstatt

## *Gedichte sind unterschiedlich*

### Hoffnung

Es reden und träumen die Menschen viel
Von bessern künftigen Tagen,
Nach einem glücklichen goldenen Ziel
Sieht man sie rennen und jagen,
Die Welt wird alt und wieder jung,
Doch der Mensch hofft immer Verbesserung.
[...]

(Friedrich Schiller, 1798)

### Das Fräulein stand am Meere

Das Fräulein stand am Meere
Und seufzte lang und bang,
es rührte sie so sehre
Der Sonnenuntergang.

Mein Fräulein! sein Sie munter,
Das ist ein altes Stück;
Hier vorne geht sie unter
Und kehrt von hinten zurück.

(Heinrich Heine, 1833)

### Vergnügungen

Der erste Blick aus dem Fenster am Morgen
Das wiedergefundene alte Buch
Begeisterte Gesichter
Schnee, der Wechsel der Jahreszeiten
Die Zeitung
Der Hund
Die Dialektik
Duschen, Schwimmen
Alte Musik
Bequeme Schuhe
Begreifen
Neue Musik
Schreiben, Pflanzen
Reisen
Singen
Freundlich sein.

(Bertolt Brecht, 1954)

### Die Entwicklung der Menschheit

Einst haben die Kerls auf den Bäumen gehockt,
behaart und mit böser Visage.
Dann hat man sie aus dem Urwald gelockt
und die Welt asphaltiert und aufgestockt,
bis zur dreißigsten Etage.

Da saßen sie nun, den Flöhen entflohn,
in zentral geheizten Räumen.
Da sitzen sie nun am Telefon.
Und es herrscht noch genau derselbe Ton
wie seinerzeit in den Bäumen.
[...]

(Erich Kästner, 1931)

**1.** Schlage nach, was man unter „Dialektik“ versteht.

http://www.lernwege-deutsch.de/50



@ Symbol: Wolters-Design, Braunschweig
Texte: Friedrich Schiller: Hoffnung. In: Schillers Werke. Hrsg. von Karl Macke. Berlin: Verlagsdruckerei Merkur 1905, S. 104; Heinrich Heine: Das Fräulein ... In: Echtermeyer: Deutsche Gedichte. Hrsg. von Elisabeth K. Paefgen & Peter Geist. Berlin: Cornelsen 2005, S. 337; Bertolt Brecht: Vergnügen. In ders.: Die Gedichte. Hrsg. von Jan Knopf. Frankfurt am Main: Suhrkamp Verlag 2007, S. 1552; Erich Kästner: Die Entwicklung ... In: Echtermeyer: Deutsche Gedichte. Hrsg. von Elisabeth K. Paefgen & Peter Geist. Berlin: Cornelsen 2005, S. 565;

## In diesem Kapitel kannst du lernen, ...

- dass es sehr unterschiedliche Gedichte gibt.
- wie du selbst ein Gedicht schreiben kannst.
- dass es Gedichte gibt, die sich reimen und Gedichte, die sich nicht reimen.
- ein Gegengedicht zu schreiben.
- Gedichte miteinander zu vergleichen.

## Hier findest du heraus, was du schon kannst:

**1.** Lies die Gedichte für dich. Worin unterscheiden sich die Gedichte auf der gegenüberliegenden Seite? Notiere deine Eindrücke:

____________________________________________________________________________________

____________________________________________________________________________________

____________________________________________________________________________________

____________________________________________________________________________________

____________________________________________________________________________________

**2.** Die Gedichte von Friedrich Schiller und Erich Kästner sind noch nicht vollständig.
a) Recherchiere die weiteren Strophen der beiden Gedichte.
b) Schreibe beide Gedichte vollständig auf Schmuckblätter.

**3.** Lies dir das Gedicht von Bertolt Brecht gut durch. Nimm ein Schmuckblatt und schreibe in einem eigenen Gedicht, was für dich „Vergnügungen“ sind.

**4.** Übertrage die folgende Tabelle in dein Heft. Es müssen mindestens 10 Zeilen sein.
a) Schreibe die Namen aller Dichter, deren Gedichte in diesem Heft abgedruckt sind, in die Tabelle.

b) Recherchiere für jeden Dichter zwei weitere Gedichte. Schreibe die Titel auch in die Tabelle:

| Namen der Dichter | Werke |
|---|---|
| | |
| | |

## Selbst Gedichte schreiben

### Zookatze

Eine wilde Katze, die
zwei dicke Pfoten hat, wohnt seit
drei Monaten und
vier Tagen bei uns im Zoo.

**1.** Schreibe selbst ein Zahlengedicht zum Thema „Schule“.
Achte darauf, dass die Zahlen immer am Anfang der Zeile stehen.

Finde eine passende Überschrift.

________________________________________

____________________ ____________________
____________________ ____________________
____________________ ____________________
____________________ ____________________

**2.** Nimm dir ein Schmuckblatt und schreibe ein „Jahreszeitengedicht“.
Sammle vorher deine Gedanken in einer Mindmap wie unten. Schreibe fort.
Du kannst dir aber auch nur eine Jahreszeit aussuchen und darüber ein Gedicht schreiben.

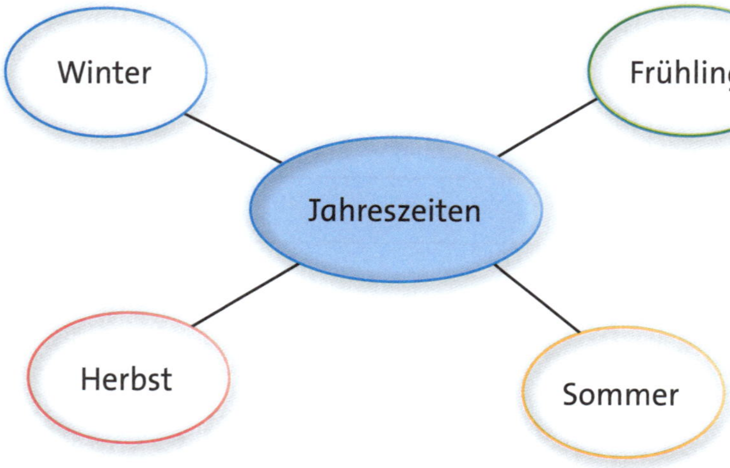

## Verstecktes Gedicht

Hier hat sich ein Gedicht versteckt. Aber du wirst es finden.

1. Unterstreiche zuerst die Reimwörter.
2. Überlege dir dann, wo im Gedicht die Zeilenenden liegen könnten. Trenne diese mit einem Strich | ab.
3. Schreibe das Gedicht in Gedichtform auf. Du kannst die Strophen auf die Regenschirme schreiben.
4. Lerne das Gedicht auswendig.

### Tante Trudel Trippelstein

Tante Trudel Trippelstein | hält nicht viel vom Sonnenschein |. Und an schönen Tagen hat sie's mit dem Magen. Ist der Sommer schön und warm, weint sie, dass es Gott erbarm. Es ist wirklich sonderbar, dennoch ist es wahr. Doch ist Regen angesagt und ein jeder brummt und klagt, ruft sie mit zufriedner Miene: „Kinder, ich verdiene!“ Wenn es draußen plitscht und platscht und der Regen klitscht und klatscht, wird die Tante – wie famos – Regenschirme los!

(Lea Smulders)

### Tante Trudel Trippelstein

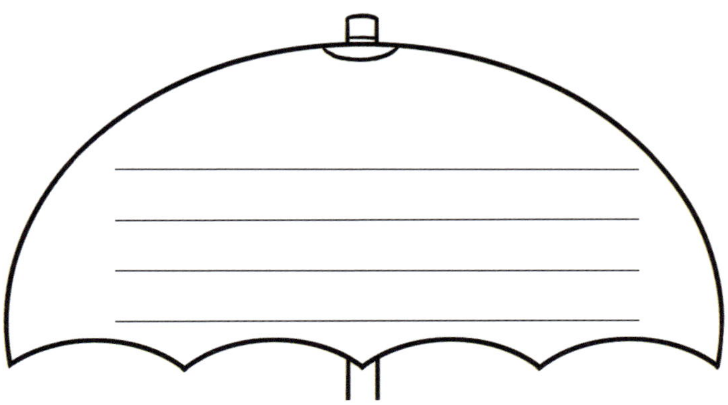

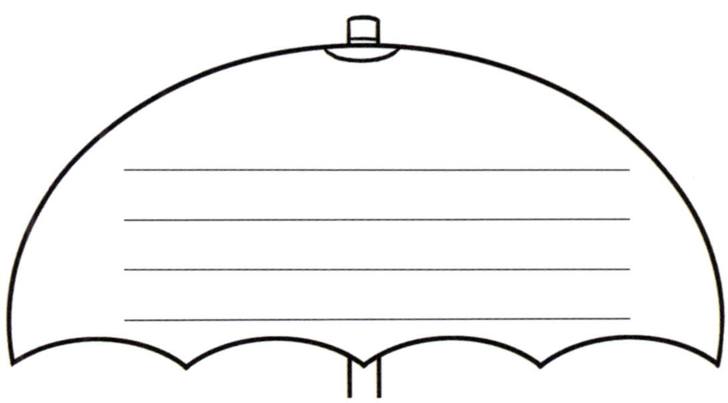

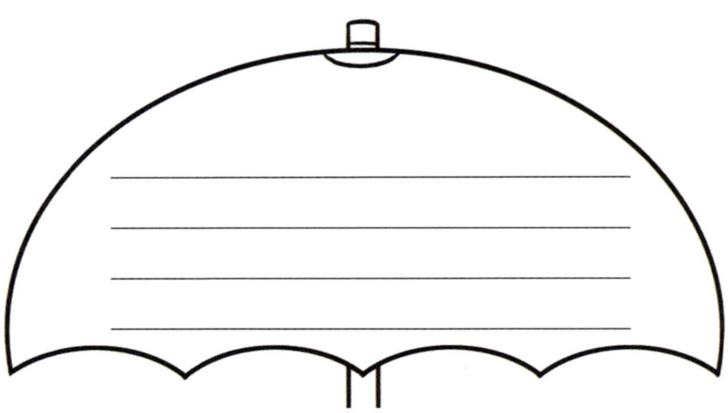

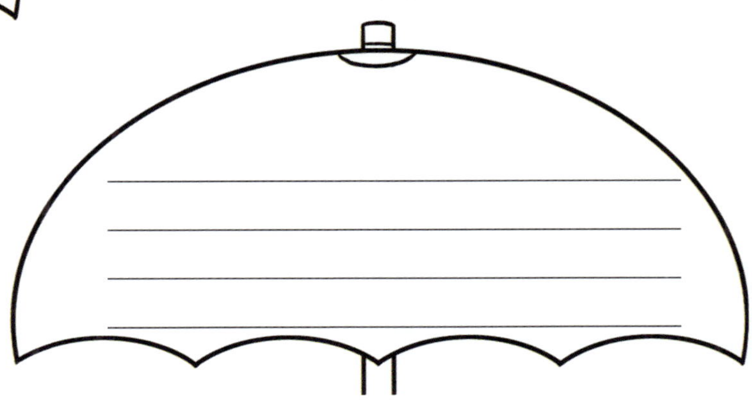

http://www.lernwege-deutsch.de/51





Gefunden. Gedichte für die Grundschule. Hrsg. von Mascha Kleinschmidt & Margarete Kolbe. Frankfurt am Main: Diesterweg 1985, S. 20

## Gedichte-Basteleien

### Das Feuer

Hörst du, wie die Flammen _______________,
Knicken, knacken, _______________, _______________,
Wie das Feuer rauscht und _______________,
Brodelt, brutzelt, brennt und _______________?

knistern,
flüstern,
krachen,
saust,
braust

Siehst du, wie die Flammen _______________,
Züngeln und die Zunge _______________,
Wie das Feuer tanzt und _______________,
Trockne Hölzer schlingt und _______________?

zuckt,
lecken,
blecken,
schluckt

Riechst du, wie die Flammen _______________,
Brenzlig, brutzlig, brandig _______________,
Wie das Feuer, rot und _______________,
Duftet, schmeckt nach Pech und _______________?

rauchen,
Harz,
schwarz,
schmauchen

Fühlst du, wie die Flammen _______________,
Glut aushauchen, wohlig _______________,
Wie das Feuer _______________,
Dich in warme Wellen _______________?

hüllt,
schwärmen,
wärmen,
flackrig-wild

Hörst Du, wie es leiser _______________?
Siehst du, wie es matter _______________?
Riechst du, wie der Rauch _______________?
Fühlst du, wie die Wärme _______________?

flieht,
flackt,
verzieht,
knackt

Kleiner wird der Feuerbraus:
Ein letztes _______________,
Ein feines _______________,
Ein schwaches _______________,
Ein dünnes _______________ –
Aus.

Ringeln,
Flüstern,
Knistern,
Züngeln

(James Krüss)

1. Trage die passenden Reimwörter (gelb) in das Gedicht ein.
2. Lerne das Gedicht auswendig. Nimm es mit dem Smartphone auf und höre es dir an.
3. Lies jemandem das Gedicht laut vor. Betone die lautmalerischen Wörter (z. B.: knackt, knistert, braust).





Und mittendrin der freche Hans. Gedichte für Grundschulkinder. Hrsg. von Gerhard Sennlaub. Berlin: Cornelsen 1993, S. 72

## *Ein Gegengedicht schreiben*

Rainer Maria Rilke schrieb ein Gedicht darüber, wie er die Zeit des Übergangs vom Sommer zum Herbst wahrnimmt. Er beschrieb, wie der Sommer zu Ende ging und der Herbst kam.

**1.** Nimm das Gedicht „Herbsttag“ und schreibe ein ähnliches Gedicht. Schreibe darüber, wie du den Frühling wahrnimmst, der die lange Winterzeit nun ablöst. Was geschieht?

**2.** Unterstreiche zuerst Wörter, zu denen du das Gegenteil finden kannst.

### Herbsttag

Herr, es ist Zeit.
Der Sommer war sehr groß.
Leg deinen Schatten auf die Sonnenuhren,
und auf den Fluren lass die Winde los.

Befiehl den letzten Früchten voll zu sein;
gib ihnen noch zwei südlichere Tage,
dränge sie zur Vollendung hin und jage
die letzte Süße in den schweren Wein.

Wer jetzt kein Haus hat, baut sich keines mehr.
Wer jetzt allein ist, wird es lange bleiben,
wird wachen, lesen, lange Briefe schreiben
und wird in den Alleen hin und her
unruhig wandern, wenn die Blätter treiben.

(Rainer Maria Rilke, 1902)

### Frühlingstag

*Herr, es ist Zeit.*
*Der Winter war lang.*
*Schiebe die dunklen Wolken weg,*
*lass die Sonnenstrahlen blinzeln.*

____________________
____________________
____________________
____________________

____________________
____________________
____________________
____________________
____________________

(von ____________________)

**Info:**
Das Gedicht, das du gerade geschrieben hast, nennt man „Gegengedicht“. In einem Gegengedicht wird der Inhalt so verändert, dass das Gegenteil des ursprünglichen Gedichtes beschrieben wird. Einzelne Wörter und die Art und Weise, wie die Sätze gebaut sind, werden teilweise übernommen.

# Freizeit & Hobbys

## *Über etwas berichten, andere informieren*

Fabienne und ihre Klasse suchen Ideen für die Arbeitsgemeinschaften (AGs) im neuen Schuljahr.

Am Abend findet Fabienne daheim diesen Artikel:

### Die beliebtesten Hobbys der Jugendlichen

**Umfrageergebnisse einer Freizeitstudie**

Berlin. Eine Umfrage unter 10- bis 16-jährigen Jugendlichen hat es ergeben: Fußball ist und bleibt die beliebteste Freizeitbeschäftigung der Jungen. Generell mögen sie eher sportliche Hobbys, auch Technik und PCs finden viele interessant. Die Mädchen bevorzugen eher kreative, künstlerische oder musikalische Hobbys. Mittlerweile lernen aber auch immer mehr Jungen ein Musikinstrument. Einige Jugendliche betreiben sogar außergewöhnliche Hobbys, für die man eine spezielle Ausbildung braucht. Zunehmend ist die Zahl der Jugendlichen, die sich für Natur und Umwelt engagieren.

**In diesem Kapitel kannst du lernen, ...**

- Inhalte aus Texten herauszuarbeiten.
- Lesestrategien anzuwenden.
- Diagrammen Informationen zu entnehmen.
- einen Bericht zu schreiben.

**Hier findest du heraus, was du schon kannst:**

**1.** Arbeite mit dem Artikel auf Seite 66.
a) Was ist das für ein Text? ______________________
b) Worum geht es in diesem Text?

______________________________________________

______________________________________________

**2.** Welche Bereiche von Hobbys werden im Text genannt? Trage sie in die Mindmap ein.

**3.** Finde für jeden Bereich mindestens drei Beispiele. Trage sie in die Mindmap ein.

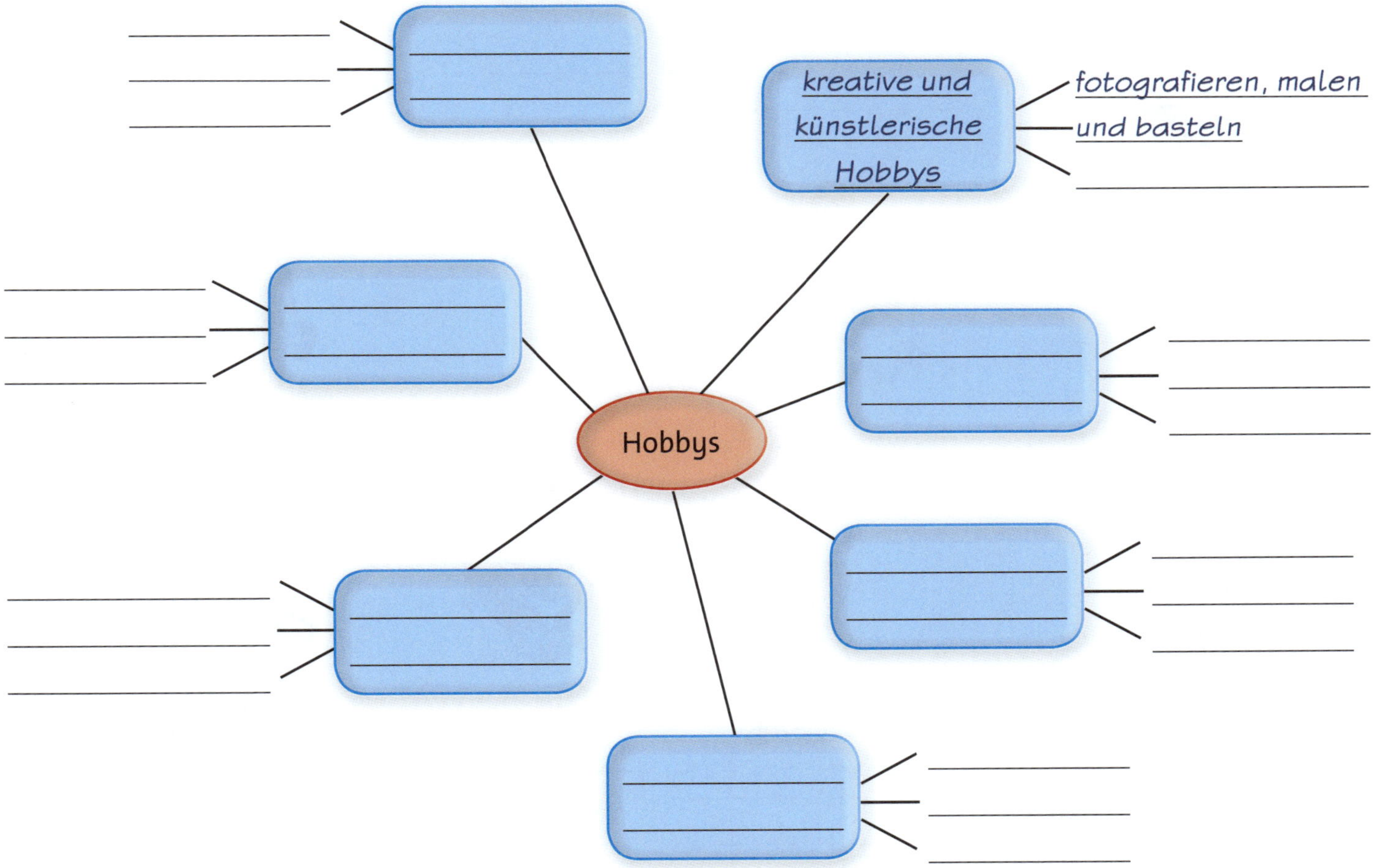

## Wortschatz: Viele Kinder – viele Hobbys

Die Kinder in Fabiennes Klasse haben viele unterschiedliche Hobbys.

1. Schreibe zu jedem Bild das passende Hobby auf.

2. Ordne die Hobbys in die folgenden drei Bereiche ein. Kreise sie in der passenden Farbe ein: sportliche Hobbys (blau), musikalische Hobbys (grün), künstlerisch-kreative Hobbys (rot)

Fußball spielen

Skateboard fahren
Fahrrad fahren
nähen
schwimmen
Gitarre spielen
Basketball spielen
singen
Inlineskating
Klavier spielen
tanzen
~~Fußball spielen~~
fotografieren
basteln
Schlagzeug spielen
malen

## Wortschatz: Hobbys vorstellen

**1.** Was macht dir Spaß? Was gefällt dir nicht?
Suche je ein Hobby aus und begründe.

Ich mag ________________, weil ____________________________________

Ich mag ________________ nicht, weil ______________________________

Du möchtest in der Klasse dein Hobby vorstellen.
Dafür machst du dir zuerst einige Notizen.

**2.** Beantworte die Fragen über dein Lieblingshobby.

### Steckbrief

Was ist dein Lieblingshobby?

____________________________________________

Was brauchst du für dein Hobby (z. B. Ausrüstung)?

____________________________________________

____________________________________________

Kannst du dein Hobby alleine machen oder brauchst du z. B. Mitspieler?

____________________________________________

Machst du dein Hobby drinnen oder draußen?

____________________________________________

Was ist das Besondere an deinem Hobby?

____________________________________________

____________________________________________

Warum machst du gerade dieses Hobby so gerne?

____________________________________________

____________________________________________

## Inhalte aus Texten herausarbeiten

Alexander findet in einer Zeitschrift folgende Anzeige:

**Du wolltest schon immer klettern lernen? Dann komm zu uns in die Kletterschule.**

Wir zeigen dir in unserem Anfängerkurs, worauf es beim Klettern ankommt. Denn erst einmal musst du alles rund um die Sicherheit beim Klettern lernen:

- Wir machen dich mit der Ausrüstung vertraut und zeigen dir, wie man mit einem Klettergurt umgeht.
- Wir bringen dir bei, wie man Kletterknoten macht.
- Wir zeigen dir, wie du richtig sicherst und mit dem Seil umgehst.

Klettern ist ein toller Sport für Jungen und Mädchen. Auch für die Gesundheit ist es ein gutes Hobby, denn Ausdauer und Kraft werden verbessert und alle Muskeln gestärkt. In unserem Anfängerkurs wirst du schon bald erste Erfolge haben. Und da man beim Klettern immer zu zweit ist, lernst du auch viele nette Leute kennen. Zudem gibt es sehr abwechslungsreiche Herausforderungen, die dein Selbstbewusstsein stärken. Also, worauf wartest du? Melde dich noch heute bei uns an.

**1.** Überfliege den Text.

**2.** Um was geht es in dem Text? Kreuze ohne nachzulesen nur die richtigen Aussagen an.

☐ Klettern ist gefährlich.
☐ Vor dem Klettern muss man viel lernen.
☐ Klettern stärkt das Selbstbewusstsein.
☐ Beim Klettern ist man immer alleine.
☐ Klettern verschlechtert Ausdauer und Kraft.
☐ Der Sport ist für Jungen und Mädchen geeignet.

**3.** Lies den Text noch einmal aufmerksam.

**4.** Warum ist Klettern so ein tolles Hobby? Unterstreiche die passenden Stellen im Text.

**5.** Wäre Klettern ein Hobby für dich? Kreuze an und begründe. ☐ ja ☐ nein

Klettern wäre ______________________________

______________________________

______________________________

______________________________

## *Einen Text gliedern und erschließen*

Meliha findet die Idee mit der Imker-AG super. Sie sucht nach Informationen dazu und findet den unten stehenden Text.

**1.** Lies den Text und kreise Wörter ein, die du nicht verstehst. Schlage sie im Wörterbuch nach.

**2.** Teile den Text durch Striche in Abschnitte ein. Finde für jeden Abschnitt eine passende Überschrift. Schreibe sie neben den Abschnitt.

**3.** Unterstreiche in jedem Abschnitt mindestens drei Schlüsselworter.

**4.** Schreibe zu jedem Abschnitt einen zusammenfassenden Satz in dein Heft. Benutze dazu die unterstrichenen Schlüsselworter.

### Die Bienenzucht – ein wichtiges Hobby

Die Honigbienen sind für die Vielfalt an Nahrungsmitteln, gute Ernten und ökologische Artenvielfalt verantwortlich. Sie bestäuben Nutz- und Wildpflanzen und sorgen so dafür, dass diese sich vermehren. Einige Pflanzen würden ohne Bienenbestäubung gar nicht mehr wachsen. Deshalb ist die Honigbiene das drittwichtigste Nutztier auf der Erde.

*Die Biene als wichtiges Nutztier*

Leider gibt es immer weniger Bienen. Das liegt neben einigen Krankheiten auch am Fehlen von Wildblumen- und Obstwiesen. Deshalb ist die Arbeit der vielen Hobby-Imker umso wichtiger. Sie züchten neue Bienenvölker und stellen die Bienenstände an nahrungsreichen Plätzen auf.

Doch die Imkerei ist kein einfaches Hobby. Dafür muss man einen Kurs besuchen und viele Dinge lernen. Neben Wissen werden praktische Dinge benötigt, wie z. B. die Herstellung von Rahmen mit Wachswänden für Bienenstöcke. Damit weder Bienen noch Menschen zu Schaden kommen, muss der richtige Umgang mit den Bienen geübt werden. Dazu gibt es eine spezielle Ausrüstung: Imker-Hüte mit Schleier, Handschuhe und Imker-Pfeife.

Notwendig sind auch Kenntnisse über die richtige Verwertung des Honigs. Der Umgang mit einer Honigschleuder und das Abfüllen des fertigen Honigs brauchen handwerkliches Können.

Im Winter stellen die Imker neue Rahmen für den Bienenstock her. Altes Bienenwachs wird zu Kerzen verarbeitet.

## Diagramme auswerten

Fabienne und ihre Mitschüler haben eine Vorauswahl getroffen und eine Umfrage zu den gewünschten AGs in den Klassenstufen 5 und 6 durchgeführt. Ihre Ergebnisse haben sie für die Klassenstufe 5 als **Balkendiagramm** und für die Klassenstufe 6 als **Säulendiagramm** dargestellt.

1. Schaue dir das Diagramm der Klassenstufe 6 genau an. Fülle dann die Lücken im Text.
Bei der Klassenstufe 6 ist die ______________________ am beliebtesten.
In die ______________ wollen gleich viele Jungen und Mädchen.
Am wenigsten Schüler wollen eine ______________________.
Die ______________ und die ______________ haben jeweils 10 Stimmen bekommen. In die Klassenstufe 6 gehen insgesamt _____ Schüler. Davon sind _____ Jungen und _____ Mädchen.

2. Finde zu dem Säulendiagramm mindestens 10 zutreffende Aussagen. Schreibe in dein Heft.

3. Schaue dir nun das Diagramm der Klassenstufe 5 genau an. Fülle dann die Lücken im Text.
Die ______________ ist in der Klassenstufe 5 am beliebtesten. Kein Junge möchte in die ______________ gehen. Drei AGs haben _____ Stimmen bekommen. In die Klassenstufe 5 gehen insgesamt _____ Schüler. Davon sind _____ Jungen und _____ Mädchen.

Umfrageergebnisse Klassenstufe 6

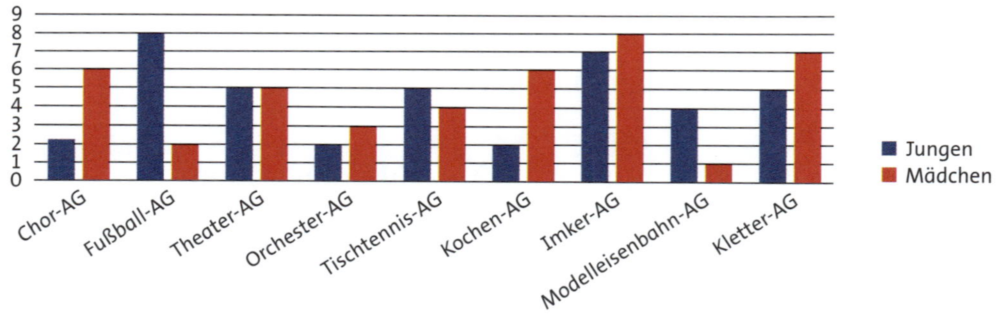


Umfrageergebnisse Klassenstufe 5

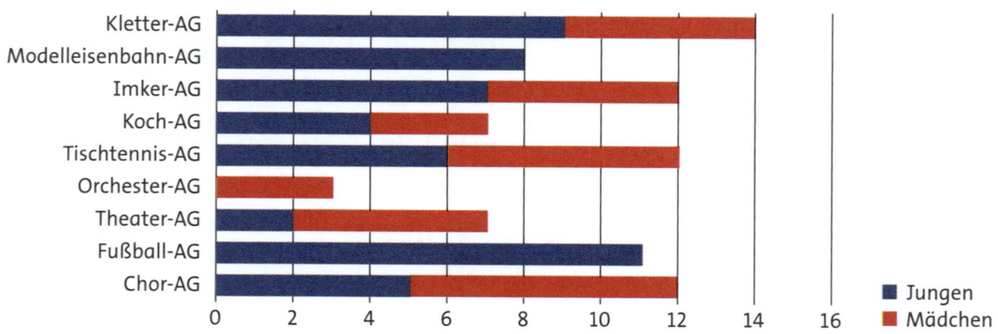

4. Beantworte die folgenden Fragen mithilfe der beiden Diagramme auf Seite 72.
   a) Um eine AG zu gründen, müssen mindestens 6 Schüler daran teilnehmen. Welche AGs kommen deshalb nicht zustande? Schreibe auf.

   ______________________________

   b) Welche AG wurde insgesamt am häufigsten gewählt? Schreibe auf.

   ______________________________

   c) Gibt es eine AG, die nur von Jungen gewählt wurde?
   Kreuze an. ☐ ja ☐ nein

5. Die Leiterin der Theater-AG plant schon ein Theaterstück. Dafür muss sie wissen, wie viele männliche und weibliche Rollen sie jeweils besetzen kann. Fabienne hat ihr deshalb ein Kreisdiagramm aus den Umfrageergebnissen der Klasse 6 erstellt. Beschrifte die Legende des Kreisdiagramms an der richtigen Stelle mit „Jungen“ und „Mädchen“.

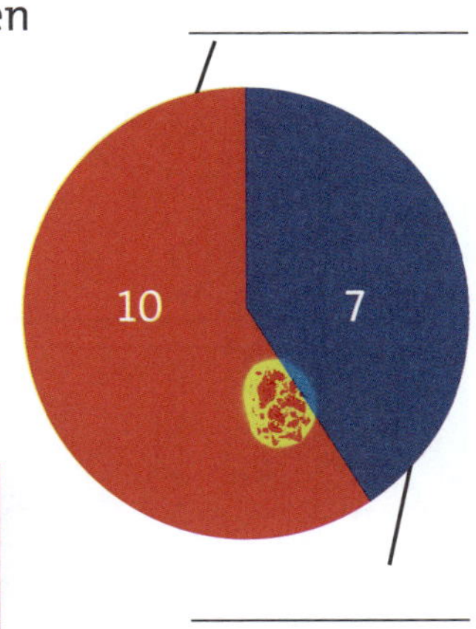

6. Vergleiche die drei Diagramme. Setze dann die Begriffe „Balkendiagramm“, „Säulendiagramm“ und „Kreisdiagramm“ richtig ein.

Beim ____________________ erkenne ich auf einen Blick, wie Jungen und Mädchen verteilt sind.

Wie viele Mädchen in eine AG wollen, kann ich beim ____________________ am einfachsten feststellen.

Beim ____________________ erkenne ich am schnellsten, wie viele Schüler einer Klassenstufe in eine bestimmte AG gehen wollen.

## *Fragen zu einem Unfall beantworten*

Max und Jonas fahren zur Fußball-AG. Doch am Freitag ist dabei etwas passiert …

1. Schaue dir die Bilder genau an. Beantworte dann die W-Fragen in Stichwörtern in deinem Heft.
   a) **Wann** ist der Unfall passiert?
   b) **Wo** ist er passiert?
   c) **Wer** war beteiligt?
   d) **Was** ist passiert?
   e) **Wie** und **warum** geschah er?
   f) **Welche** Folgen hatte er?

## *Einen Unfallbericht schreiben*

Frau Klein, die Klassenlehrerin von Max und Jonas, muss für die Unfallversicherung genau wissen, wie es zu dem Unfall kam. Weil Jonas dabei war, muss er nun einen Zeugenbericht schreiben. Hier siehst du seinen ersten Entwurf.

*Max und ich waren Fahrrad fahren, weil das unser Lieblingshobby ist. Wir redeten miteinander. Max erzählte mir, dass er in den Ferien nach Spanien fliegt. Plötzlich war da diese riesige Katze, ich glaube, die gehört Frau Müller. Die Katze rennt oft auf der Straße herum und versucht, Vögel zu fangen. Ach ja, Max schaute vor dem Sturz die ganze Zeit nach hinten. Dann gab es einen megalauten Knall, Fahrradteile flogen durch die Luft, und Max schrie wie ein Brüllaffe. Dann …*

Frau Klein war nicht zufrieden mit dem Text.

**1.** Warum war Frau Klein nicht zufrieden? Schreibe auf.

_______________________________________________

_______________________________________________

_______________________________________________

_______________________________________________

**2.** Schreibe einen Bericht über den Unfall von Max in dein Heft:
– Nutze dafür alle wichtigen Informationen und Tatsachen, die du bekommen hast.
– Orientiere dich am Schreibplan.

Schreibplan für einen Unfallbericht

- ☐ Finde eine passende **Überschrift**.
- ☐ Beantworte die **W-Fragen** in der richtigen **Reihenfolge**:
  - ☐ **Einleitung**: Wann? Wo? Wer? Was?
  - ☐ **Hauptteil**: Wie / Warum ist es passiert? Beschreibe genau, lückenlos und folgerichtig!
  - ☐ **Schluss**: Welche Folgen hatte es?
- ☐ Schreibe in **sachlicher Sprache**: Keine Gefühle, keine Vermutungen, keine wörtliche Rede
- ☐ Halte die **Erzählperspektive** ein (Er-Form).
- ☐ Schreibe in der richtigen **Zeitform** (Präteritum) und halte sie ein.

# Abrakadabra!

## *Zauberhafte Vorgänge beschreiben*

Luis und Elif sind große Fans von Harry Potter. Ständig üben sie neue Zaubertricks, mit denen sie ihre Mitschüler in der Pause zum Staunen bringen.

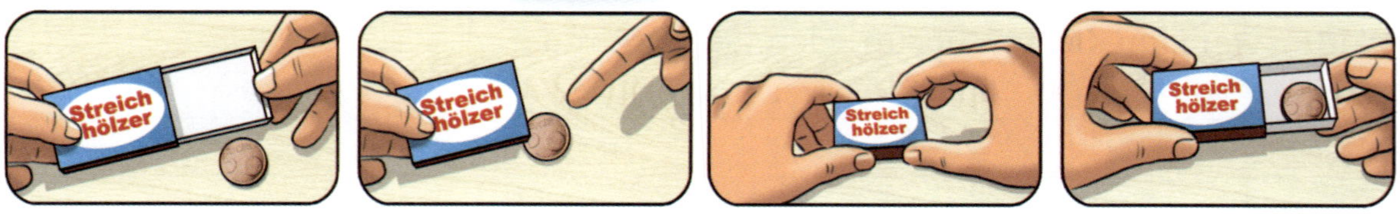


**1.** Die Anleitung von Luis zu seinem Zaubertrick ist total durcheinandergeraten.
a) Lies die Kärtchen genau durch und bringe sie in die richtige Reihenfolge, indem du sie nummerierst.
b) Führe den Zaubertrick nach der Anleitung durch und überprüfe, ob deine Reihenfolge stimmt.

Vor den Zuschauern legt man zuerst die zweite 5-Cent-Münze auf den Tisch.

Als erstes klebt man doppelseitiges Klebeband an den Boden der Schachtel und versteckt eine 5-Cent-Münze darin.

Für den Trick benötigt man: einen Tisch, eine Streichholzschachtel, zwei 5-Cent-Münzen, doppelseitiges Klebeband.

Nun wird die Schachtel auf die Münze gelegt, sodass sie am Klebeband hängen bleibt.

**Die verschwundene Münze** 1

Zum Schluss hebt man die Streichholzschachtel nach oben und zeigt die Münze in der Schachtel.

Tipp: Durch das Aufsagen von Zaubersprüchen während des Tricks wirkt dieser noch spannender.

### In diesem Kapitel kannst du lernen, ...

- Vorgangsbeschreibungen genau zu lesen und zu verstehen.
- wie man Vorgänge in der richtigen Reihenfolge beschreibt.
- wie man eine Vorgangsbeschreibung verständlich schreibt und überarbeitet.

### Hier findest du heraus, was du schon kannst:

1. In der folgenden Checkliste sind alle Punkte aufgelistet, die man beim Beschreiben von Vorgängen beachten sollte.
   a) Füge die Wörter aus dem Kasten in die Lücken ein.
   b) Überprüfe, ob Luis bei seiner Anleitung für den Zaubertrick die Punkte aus der Checkliste beachtet hat.

| **Inhalt und Aufbau** |
|---|
| Die Beschreibung besitzt eine ________________. |
| Zu Beginn werden alle ________________ aufgezählt, die man benötigt. |
| Alle Arbeitsschritte werden in der richtigen ________________ beschrieben. |
| Am Schluss wird ein wichtiger ________________ genannt. |

| **Sprachliche Gestaltung** |
|---|
| Es wird in der Zeitform ________________ geschrieben. |
| Bestimmte Wörter machen die Reihenfolge der einzelnen Arbeitsschritte deutlich (zu Beginn, dann, ________________ ________________). |
| Gegenstände und Tätigkeiten sind mit genauen ________________ (Klebeband, vorbereiten) benannt. |
| Es wird durchgängig in der gleichen Verbform (________________, Man-Form oder im Imperativ (=Befehlsform)) geschrieben (Du legst ... / Man legt ... / Lege ...). |

Präsens
Überschrift
Fachwörtern
Tipp
zuletzt
Materialien
Reihenfolge
Du-Form

## Vorgänge in der richtigen Reihenfolge beschreiben

Luis und Elif haben ihre gesamte Klasse mit der Freude an der Zauberei angesteckt. Gemeinsam möchten sie eine Zaubershow organisieren und jeder übt fleißig seine Tricks.

**1.** Alexandra probiert den Trick „Der magische Luftballon“ aus.
a) Schaue dir die folgenden Bilder genau an.
b) Lies dann die blauen Kästen genau durch. Suche zu jedem Bild den passenden Text und verbinde mit Bleistift.
c) Schreibe auf, was Alexandra für den Zaubertrick benötigt.

**Du benötigst:** ein Päckchen Backpulver, ______________________________

______________________________________________

______________________________________________

**2.** In welcher Reihenfolge musst du vorgehen?
a) Überlege, wie Alexandra bei ihrem Trick vorgeht.
b) Führe den Zaubertrick anschließend selbst durch.

1 2 3 4

| | | | |
|---|---|---|---|
| Ziehe dann den Luftballon ganz schnell über die Flaschenöffnung. | Spreche zum Schluss einen Zauberspruch und der Luftballon füllt sich wie von selbst. | Nimm zuerst die Flasche und fülle mithilfe des Trichters ein Päckchen Backpulver hinein. | Fülle anschließend drei Esslöffel Essig mit dem Trichter in die Flasche. |

## *Mit Wörtern die Reihenfolge deutlich machen*

Carlos möchte für die Zuschauer der Zaubershow Besen aus Salzstangen und Käse zubereiten.
Er erklärt der Klasse, wie man dabei vorgeht.

**1.** Was fällt dir an der Beschreibung von Carlos auf?

______________________________________

______________________________________

______________________________________

**2.** Unterstreiche in den Anleitungen auf Seite 76 und 78 alle Wörter, die die Reihenfolge der einzelnen Schritte deutlich machen.
Notiere diese Wörter rechts auf dem Notizzettel.

anschließend, ________________

____________________________

____________________________

____________________________

**3.** Schreibe das Rezept zur Zubereitung der Besen in dein Heft.
a) Schaue dir die Bilder genau an und notiere zuerst alle Zutaten und Geräte, die man benötigt.
b) Ergänze anschließend die folgenden Sätze mit passenden Wörtern aus Aufgabe 2.

1\. ... legst du alle Zutaten und Arbeitsgeräte bereit.

2\. ... schneidest du die Käsescheiben rund aus.

3\. ... rollst du den Käse auf.

4\. ... schneidest du den Käse mit dem Messer von unten ein.

5\. ... steckst du von oben die Salzstange in die Käserolle.

6\. ... bindest du den Käse mit Schnittlauch an die Salzstange.

# Verbformen: Du-Form, Man-Form und Imperativ

Zaubertüten sind praktische Helfer für Zaubertricks. Damit Kim nicht vergisst, wie man sie bastelt, hat sie sich eine Anleitung geschrieben.

**So bastelt man eine Zaubertüte**

*Für die Zaubertüte* benötigst du: ein Blatt farbiges, rechteckiges Papier

So gehst du vor:

1. Falte zu Beginn das Papier einmal in der Mitte. Jetzt öffnest du das Papier wieder, sodass die Mittellinie sichtbar wird.
2. Als Nächstes klappt man alle vier Ecken zur Mittellinie. Beginne mit der Ecke links unten und falte danach die Ecke rechts unten über die gefaltete Ecke. Anschließend knickst du die Ecke rechts oben zur Mitte und dann die Ecke links oben darüber.
3. Nun öffnet man die Ecke, die zuletzt gefaltet wurde und steckt sie in die andere Ecke in der Mitte, sodass eine Tüte entsteht.

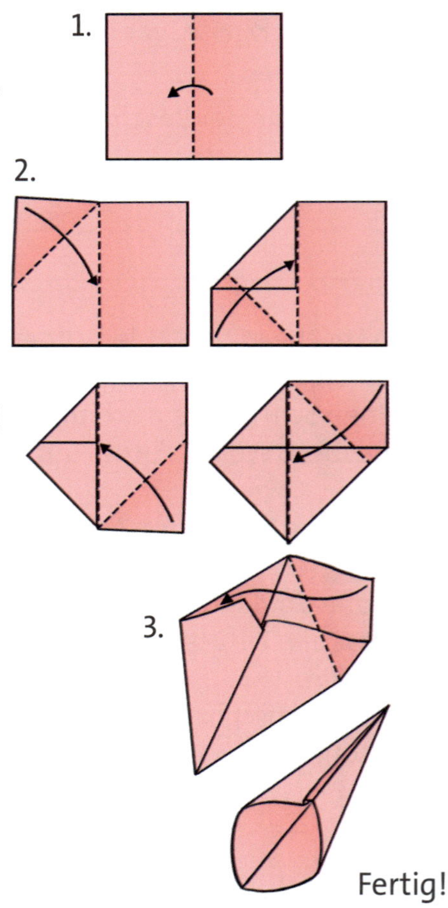


**1.** Kim hat in ihrer Anleitung verschiedene Formen der Anrede verwendet.
a) Übernimm folgende Tabelle in dein Heft.
b) Ordne alle gelb markierten Wörter passend in die Spalten ein.
Ergänze die leeren Spalten.

| Du-Form | Man-Form | Imperativ (=Befehlsform) |
|---|---|---|
| | bastelt man | bastle |

c) Schreibe Kims Anleitung komplett in der Befehlsform in dein Heft.

Das ist mir aufgefallen:

Der Imperativ (= Befehlsform) steht immer ...

- ☐ am Satzanfang.
- ☐ in der Mitte des Satzes.
- ☐ am Ende des Satzes.

## *Eine Bastelanleitung schreiben und überarbeiten*

Endlich ist der Tag der Zaubershow gekommen und nun fehlt den Schülern nur noch eines: Dekoration für das Klassenzimmer.

1. Elias hat Spinnen gebastelt und eine Anleitung dazu geschrieben.
   a) Überprüfe, ob Elias alle wichtigen Punkte der Checkliste auf der Seite 77 beachtet und alle Arbeitsschritte genannt hat.
   b) Markiere die Stellen, die du ändern würdest. Notiere Verbesserungsvorschläge am Rand.
   c) Überarbeite Elias' Bastelanleitung und schreibe sie in dein Heft.

**So machst du Spinnen zur Dekoration**
Das braucht man: eine Klopapierrolle, schwarzes Krepppapier, schwarzes und weißes Tonpapier, schwarzen Filzstift, Kleber und Schere.

**So gehst du vor:**
Mache eine Klopapierrolle in der Hälfte durch. Dann machst du die Klopapierrolle mit Kleber voll und machst das Krepppapier herum. Mache aus dem schwarzen Tonpapier acht lange Spinnenbeine und aus dem weißen Tonpapier zwei runde Spinnenaugen. Dann machst du zwei Pupillen in die weißen Kreise.
**Tipp:** Deine Spinne sieht besonders toll aus, wenn du ein Kreuz auf die Oberseite der Klopapierrolle machst.

# Draufschauen!

## *Einen Gegenstand beschreiben*

Lisas Rucksack wurde leider nicht im Fundbüro abgegeben. Daher möchte sie einen Aushang am schwarzen Brett in der Schule machen. Aber sie hat kein Foto von ihrem Rucksack, deshalb muss sie ihn beschreiben.
Am nächsten Tag trifft sie im Gang auf Jan, der vor ihrer Suchanzeige steht.

**1.** Hilf Lisa, ihre Beschreibung genauer zu machen. Schreibe mindestens fünf Tipps in dein Heft.
Beispiel: *Zähle die einzelnen Farben auf.*

**In diesem Kapitel kannst du lernen, …**

- worauf es bei einer Gegenstandsbeschreibung ankommt.
- wie man eine Beschreibung aufbaut.
- wie man Gegenstände mit Fachwörtern beschreibt.
- aus der Sicht eines Gegenstands zu erzählen.

**Hier findest du heraus, was du schon kannst:**

1. Was kann man an einem Gegenstand alles beschreiben? Schreibe mindestens vier Stichwörter auf.

2. Schreibe möglichst viele Stichwörter auf, die Lisas Rucksack genauer beschreiben.

*grauer Tragegriff*

Info:
Gegenstandsbeschreibungen findest du oft bei Produktbeschreibungen in Katalogen oder Prospekten sowie bei Verlust- oder Diebstahlsanzeigen.
Damit sich der Leser ein Bild vom Gegenstand machen kann, muss die Beschreibung möglichst genau sein.

## Passende Fachwörter verwenden

Wenn du einen Gegenstand beschreiben möchtest, brauchst du manchmal Fachwörter.

**1.** Ordne die Fachwörter den verschiedenen Gegenständen zu. Male dazu die Kästchen in der passenden Farbe an:
Wecker (blau), Fahrrad (gelb), Jacke (grün)

Rahmen | Pedale | Ziffernblatt | Minutenzeiger | Ziffern | Stundenzeiger | Gepäckträger | Klingel | Lenker | Alarmglocke | Sattel

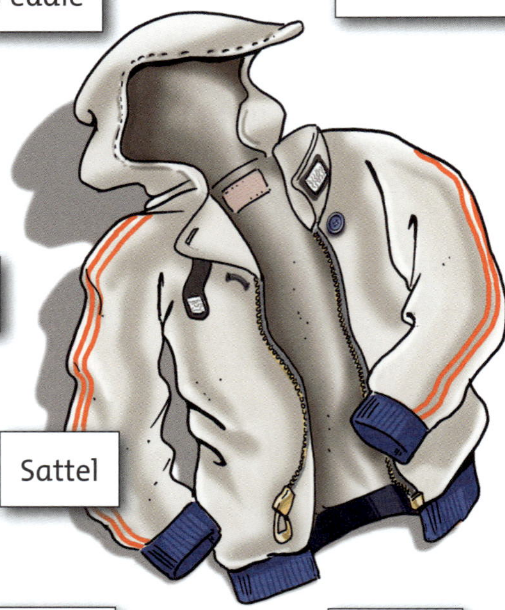

Ärmel | Reißverschluss | Kragen | Knopf | Kapuze | Klettverschluss | Schutzblech

**2.** Suche dir einen der drei Gegenstände aus. Schreibe zu jedem Fachwort deines Gegenstands einen Satz in dein Heft. Beschreibe darin die Farbe.
Beispiel: *Fahrrad: Der Sattel des Fahrrads ist schwarz. Es hat gelbe Schutzbleche.*

## *Merkmale eines Gegenstands beschreiben*

Wenn du einen Gegenstand beschreiben möchtest, beginne mit den auffälligsten Merkmalen: Form, Größe, Material und Farbe.
Im Anschluss kannst du Details (Einzelheiten) beschreiben. Benutze treffende Adjektive. Meistens brauchst du auch passende Fachwörter.

1. Suche dir zehn unterschiedliche Gegenstände aus und schaue sie dir genau an.

2. Sammle zu jedem Merkmal in der Mindmap mindestens vier Beispiele, die zu deinen Gegenständen passen. Trage sie ein.

Beispiellösungen:

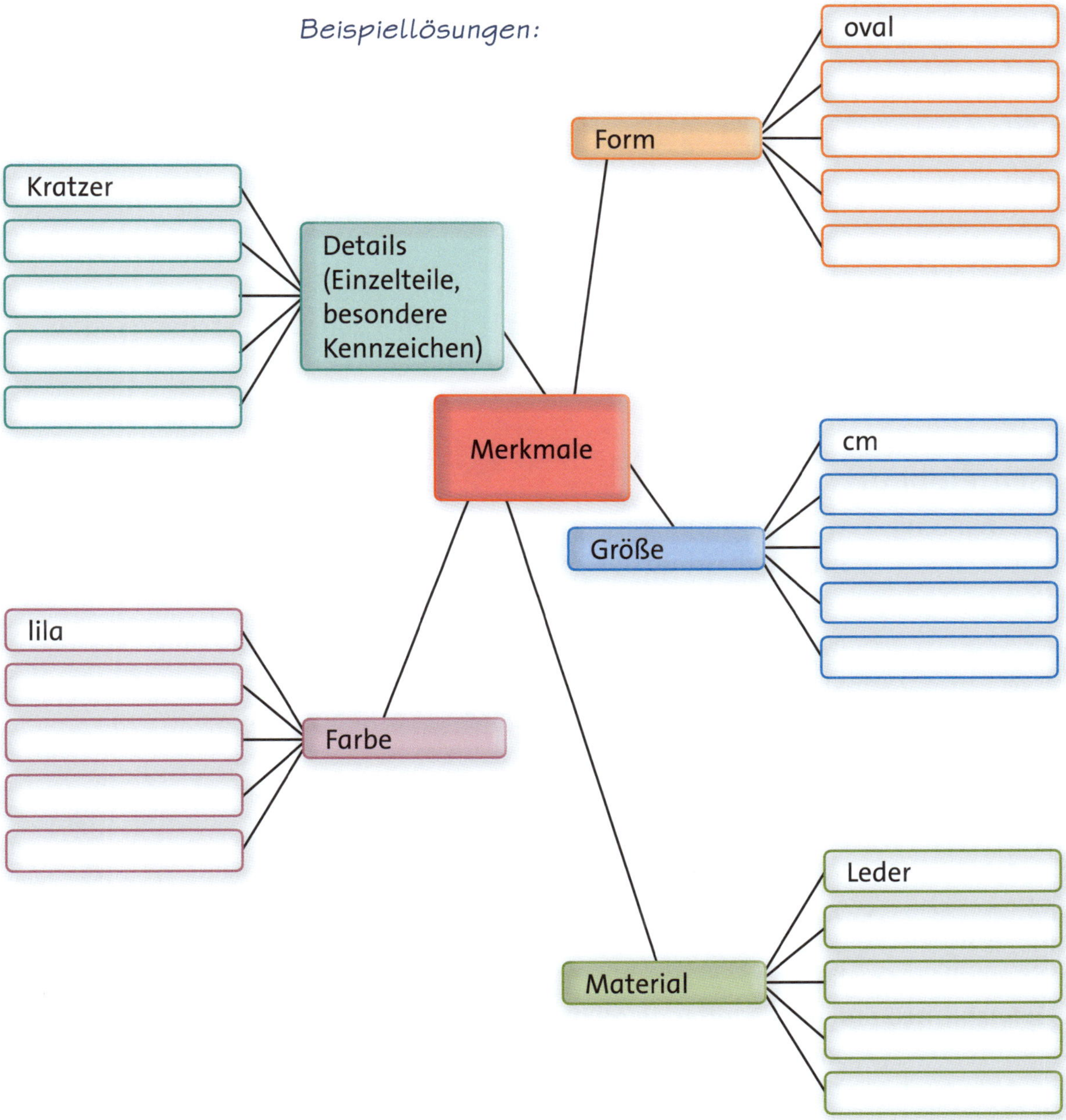


3. Beschreibe einen deiner Gegenstände genau. Achte auf den richtigen Aufbau. Schreibe in dein Heft.

## *Steckbriefe schreiben*

**1.** Lisa hat einen neuen Wecker. Schaue dir das Bild an und fülle den Steckbrief aus.

Steckbrief

Bezeichnung: ____________________

Funktion: ____________________________

Marke: ____________________

Farben: ______________________________

Material: ____________________

Form: ____________________________________

Größe: Höhe: ________ Breite: ________

Ziffernblatt: ______________________________

Details: ____________________________________

Hilfe zu „Details“:
Beschreibe alle Einzelheiten, die du erkennen kannst. Überlege: Was „tun“ die Einzelteile? Welche Aufgaben haben sie?

**2.** Lisa ist sehr vergesslich. Sie hat den Wecker im Schullandheim vergessen. Der Leiter der Jugendherberge bittet sie, ihm eine E-Mail mit einer genauen Beschreibung zu schicken. Schreibe nun eine ausführliche Beschreibung in dein Heft. Beachte den Schreibplan.

### Schreibplan

1. Einleitung:
   - Um was handelt es sich?
   - eventuell Grund der Beschreibung (Beispiel: Verlustanzeige)
2. Hauptteil:
   - „vom Großen zum Kleinen“ beschreiben
   - Merkmale beschreiben (z. B. Farbe, Form, Material, Größe, ...)
   - Einzelteile benennen (z. B. Knöpfe, Zeiger, ...)
   - Details beschreiben (Funktionsweise, Benutzerhinweise, ...)
   - Reihenfolge einhalten:
     – von oben nach unten beschreiben oder umgekehrt
     – besonders wichtige, auffällige Teile beschreiben
3. Schluss:
   - Was bedeutet mir der Gegenstand?
   - Welche Besonderheiten/Auffälligkeiten hat der Gegenstand?

Sprachliche Gestaltung:

1. Sachliche Sprache:
   - treffende Adjektive
   - sachlich beschreiben
2. Stilmittel:
   - Fachwörter
   - Wiederholungen vermeiden
3. Zeit:
   - Präsens (Gegenwart)

*Kreatives Schreiben – was bin ich?*

## Rätsel

Hallo, liebe Schüler! Ich bin gespannt, ob ihr erraten könnt, was ich bin. Zunächst möchte ich euch ein wenig über mein Aussehen erzählen. Ich bin ungefähr so groß wie ein dickes Taschenbuch. Meine Form ist rechteckig. Ich bestehe aus Kunststoff, Metall, Stoff und Gummiband. Man kann mich aufklappen und mit einem roten Reißverschluss verschließen. Meine Außenseite ist ziemlich bunt, ich habe ein kariertes Muster aus vielen Farben. Innen besitze ich viele gelbe Gummischlaufen, in denen verschiedenfarbige längliche Gegenstände aus Holz stecken. Auch ein dreieckiger durchsichtiger Gegenstand steckt in einem Plastikfach, das man zusätzlich ausklappen kann. So, nun erzähle ich euch etwas aus meinem Alltag. Nachts schlafe ich meistens auf einem Tisch. Jeden Morgen werde ich dann unsanft in eine dunkle Tasche geworfen. Darin ruckelt es ziemlich und ich rutsche oft hin und her. Wenn mich mein Besitzer aus der Tasche holt, ist es plötzlich sehr hell und sehr laut. Nun werde ich ständig auf- und zugemacht und falle auch ab und zu auf den Boden – das mag ich gar nicht. Immer wieder nimmt mein Besitzer Dinge aus mir heraus oder räumt etwas in mich hinein. Am Ende des Nachmittags bin ich froh, wenn ich wieder in die Tasche gesteckt werde – da ist es wenigstens ruhig und sicher, außer die Trinkflasche läuft mal wieder aus. Und, hast du schon eine Idee, was ich sein könnte?

**1.** Um welchen Gegenstand handelt es sich?

______________________________________________

**2.** Schreibe selbst eine Rätselgeschichte in dein Heft. Beachte den Schreibplan.

**Schreibplan**
- Suche dir einen Gegenstand aus.
- Schreibe alles aus der Sicht des Gegenstands.
- Schreibe im Präsens.
- Achte darauf, den Gegenstand nicht zu nennen.
- Beschreibe zuerst das Aussehen des Gegenstands.
- Was könnte der Gegenstand erleben? Erzähle aus seinem Alltag.
- Überlege dir einen passenden Schlusssatz.

# Gefällt mir oder gefällt mir nicht!

*Deine Meinung ist gefragt!*

Eine Klassenfahrt ins Schullandheim steht vor der Tür. Handys und Computer sollen zu Hause gelassen werden. Eine Woche ohne Smartphone, Fernseher, Computer und Internet! Die Klasse 6a ist aufgebracht und diskutiert in ihrem Klassenchat.

**In diesem Kapitel kannst du lernen, …**

- wie man Behauptungen und Begründungen erkennt und formuliert.
- wie man die eigene Meinung begründet.
- wie man durch einen Kommentar im Internet andere von seiner Meinung überzeugen kann.

**Hier findest du heraus, was du schon kannst:**

**1.** Lies die Meinungen der Schüler im Klassenchat genau durch.

a) Weshalb sind die Schüler gegen die Verbote im Schullandheim? Markiere die Begründungen im Smartphone auf Seite 88.

b) Vervollständige folgende Sätze.

Luca versteht das Smartphone-Verbot überhaupt nicht, weil …

Sarah vermisst ihr Handy jetzt schon, da …

Yasmin findet das Fernseherverbot schade, denn …

c) Pauls und Carolins Meinungen sind weniger überzeugend. Welchen Unterschied kannst du zu den anderen Aussagen feststellen? Schreibe auf.

**2.** Was würde dir im Schullandheim am meisten fehlen: das Smartphone, der Fernseher, der Computer oder das Internet? Vervollständige folgenden Satz.

*Mir würde … am meisten fehlen, weil …*

# Wortschatz: Welche Medien gibt es?

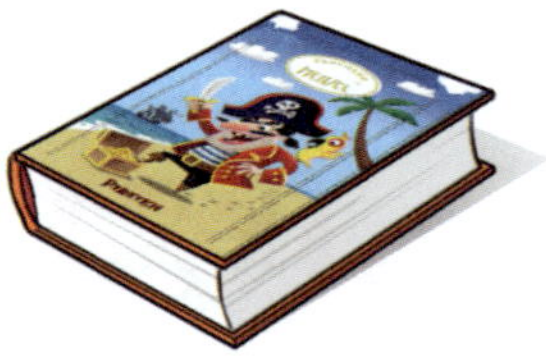

**1.** Schreibe die Namen der Medien mit Artikel unter die Bilder.

**2.** Man unterscheidet zwischen elektronischen und gedruckten Medien. Umkreise alle elektronischen Medien rot und alle gedruckten Medien grün.

**3.** Welche Medien nutzt du in deiner Freizeit?

a) Schreibe das Medium auf, das du am meisten nutzt.
b) Kreuze deine Gründe für die Nutzung des Mediums an.

Beispiel: Ich nutze ____________________ am häufigsten, weil

- ☐ ich dadurch gut unterhalten werde.
- ☐ ich dabei entspannen kann.
- ☐ ich mit anderen in Kontakt bleiben kann.
- ☐ ich dadurch Informationen erhalte.

## Wortschatz: Wozu ist das Smartphone nützlich?

Luca und Sarah suchen Gründe, um ihre Lehrer von der Nützlichkeit des Smartphones zu überzeugen.

**1.** Ordne den Bildern die passenden Begriffe aus der Wörterbox zu.

- fotografieren
- Spiele spielen
- im Internet surfen
- ~~Musik hören~~
- Nachrichten schreiben
- telefonieren

Das Smartphone ist nützlich, weil ...

... man damit Musik hören kann.

... man damit ____________ ____________________ kann.

... man damit ____________ ____________________ kann.

... man damit ____________ ____________________ kann.

... man damit ____________ ____________________ kann.

... man damit ____________ ____________________ kann.

**2.** Wozu ist das Smartphone nützlich?
Schreibe die Sätze aus Aufgabe 1 vollständig in dein Heft.

## *Meinungen zuordnen – Vor- und Nachteile des Internets*

**1.** Das Internet bringt nicht nur Vorteile mit sich. Ordne die Kärtchen und schreibe sie in die richtige Spalte der Tabelle.

- Durch die Verbreitung von bösen Texten oder Fotos ist es einfach, andere im Internet fertig zu machen.
- Man kann in sozialen Netzwerken ganz einfach mit Freunden in Kontakt bleiben, die weit entfernt wohnen.
- Durch Suchmaschinen kann man schnell Informationen finden.
- Persönliche Daten und Fotos können im Internet missbraucht werden.
- In bestimmten Blogs kann man anderen seine Meinung mitteilen.
- Youtube-Videos greifen auch aktuelle Themen auf oder erklären Themen aus der Schule.
- Beim Surfen im Internet vergisst man sehr schnell die Zeit.
- Das Internet kann süchtig machen.

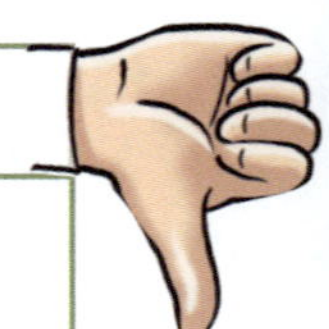

| Vorteile des Internets | Nachteile des Internets |
|---|---|
| | |
| | |
| | |
| | |

## Behauptungen mit Begründungen verbinden

Der Polizist Herr Achtung besucht die Klasse 6a, um ihr Tipps zum Umgang mit elektronischen Medien zu geben.

| **Behauptungen** | **Begründungen** |
| --- | --- |
| Ihr solltet euch feste Zeiten einrichten, in denen ihr die elektronischen Medien nutzt, | da ihr sicherlich nicht wollt, dass Fremde alles über euch erfahren. |
| Ihr solltet keine Fotos oder Videos von anderen herumschicken, ohne sie vorher zu fragen, | da ihr so vermeidet, dass ihr zu viel eurer Freizeit mit den Medien verbringt und eine Sucht entwickelt. |
| Ihr solltet eure persönlichen Daten und Fotos schützen, | weil es strafbar ist, die Dateien herunterzuladen, ohne sie zu bezahlen. |
| Ihr solltet Musik oder Filme kaufen, wenn sie euch gefallen, | weil dies gegen das Recht am eigenen Bild verstößt und verboten ist. |

1. Herr Achtung möchte die Schüler mit seinen Behauptungen überzeugen.
   a) Verbinde die Behauptungen des Polizisten mit einem Lineal mit der jeweils passenden Begründung.
   b) Schreibe die vollständigen Sätze in dein Heft.

Das ist mir aufgefallen:

____________________ überzeugen erst, wenn sie mit ____________________ verbunden sind. Diese werden oft mit den Bindewörtern (= Konjunktionen) ____________ und __________ eingeleitet.

## Behauptungen und Begründungen in einem Text unterscheiden

Isabell aus der 7. Klasse möchte die 6a wegen des Medienverbots im Schullandheim beruhigen. Deshalb schreibt sie der Klasse einen Brief.

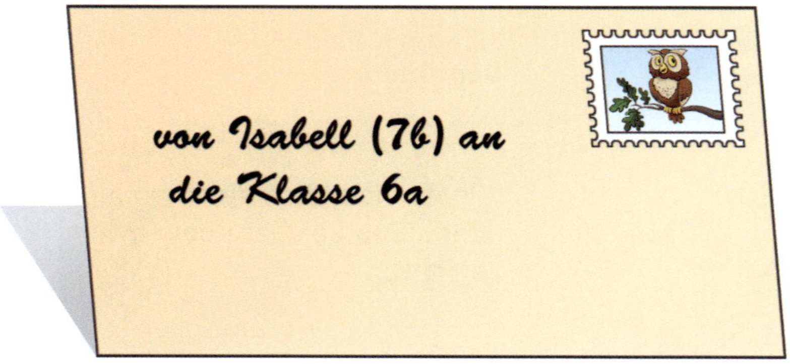


Liebe Klasse 6a,

ich habe erfahren, wie aufgebracht ihr über das Medienverbot im Schullandheim seid.

Meiner Klasse ging es letztes Jahr nicht anders. Während der Fahrt haben wir jedoch erkannt, dass unsere Aufregung völlig umsonst war.

Das Medienverbot hat wirklich dazu beigetragen, dass sich unsere Klassengemeinschaft verbessert hat. Schon auf der Busfahrt saß nicht jeder für sich allein vor seinem Smartphone und hörte Musik oder schaute Videos. Wir spielten zusammen Spiele und hatten gemeinsam total viel Spaß. Außerdem fiel uns allen auf, dass es ohne Smartphone auch ganz entspannt sein kann. Wir mussten nicht ständig schauen, ob uns jemand in WhatsApp geschrieben hat oder ob wir jemandem schreiben sollten. Zudem war durch das Medienverbot die Vorfreude auf zu Hause viel größer. Dadurch, dass wir die ganze Woche keinen Kontakt zu unserer Familie hatten, freuten sich alle, von den Erlebnissen zu erzählen und Fotos zu zeigen.

Nun hoffe ich, dass ich euch mit meinen Gründen für das Medienverbot überzeugen konnte.

Ich wünsche euch ein schönes Waldschullandheim.

Liebe Grüße

Isabell

1. Welche Behauptungen und Begründungen werden genannt?
   a) Wähle zwei unterschiedliche Farben und unterstreiche alle Behauptungen und alle Begründungen mit einem Lineal.
   b) Verbinde alle Behauptungen durch Bindewörter mit den dazugehörigen Begründungen aus dem Text. Schreibe in dein Heft.
   Beispiel: *Unsere Klassengemeinschaft hat sich verbessert, weil ...*

## *Netzbookfreunde = echte Freunde? – die eigene Meinung begründen*

Auf der Rückfahrt vom Schullandheim erzählt Sarah stolz von ihren 400 Freunden im sozialen Netzwerk Netzbook.

1. Notiere Sarahs Gründe, die erklären, dass es sich bei ihren Netzbook-Freunden um echte Freunde handelt.

______________________________________________

______________________________________________

______________________________________________

2. Was verstehst du unter einem echten Freund? Sammle in deinem Heft Eigenschaften, die ein Freund für dich besitzen sollte. Nutze dazu die Wörtersonne.

3. Sind Sarahs 400 Netzbookfreunde wirklich echte Freunde? Begründe deine Meinung mithilfe deiner Ergebnisse aus Aufgabe 2.

*Ich bin der Meinung, dass Sarahs Netzbookfreunde echte Freunde sind, weil … / keine echten Freunde sind, weil …*

# Zeit mit Medien verbringen – ein Diagramm auswerten

**1.** Unterstreiche die Behauptungen, die Constanze H. in ihrem Kommentar äußert, mit dem Lineal.

Constanze H.
21. Februar

Hallo liebe Lehrer, Eltern und Schüler der Hirsch-Schule,

ich muss heute ein großes Lob an die Schule aussprechen, da ich das Waldschullandheim einfach super finde.
Die Jugendlichen sitzen heutzutage täglich vor dem Fernseher, ihrem Smartphone, dem Computer oder dem Internet und verbringen so sinnlos ihre Freizeit. Dagegen treffen sie sich überhaupt nicht mehr mit ihren Freunden, spielen draußen oder treiben Sport.

Macht also weiter so!
Eure Constanze H.

**2.** Nico sucht im Internet und findet das Schaubild auf Seite 97.

a) Worüber informiert das Schaubild? Notiere in einem Satz.

______________________________________________

______________________________________________

b) Beantworte folgende Fragen zum Diagramm auf S. 97 in deinem Heft.
- Von wie viel Prozent der Jugendlichen werden der Fernseher, das Handy/ Smartphone, der Computer und das Internet täglich genutzt?
- Wie viele Jugendliche treffen sich in ihrer Freizeit überhaupt nicht mit Freunden, wie viele spielen nie draußen, wie viele treiben auch keinen Sport?

# Zeit mit Medien verbringen – einen Kommentar schreiben

Freizeitaktivitäten von Kindern bis 13 Jahre

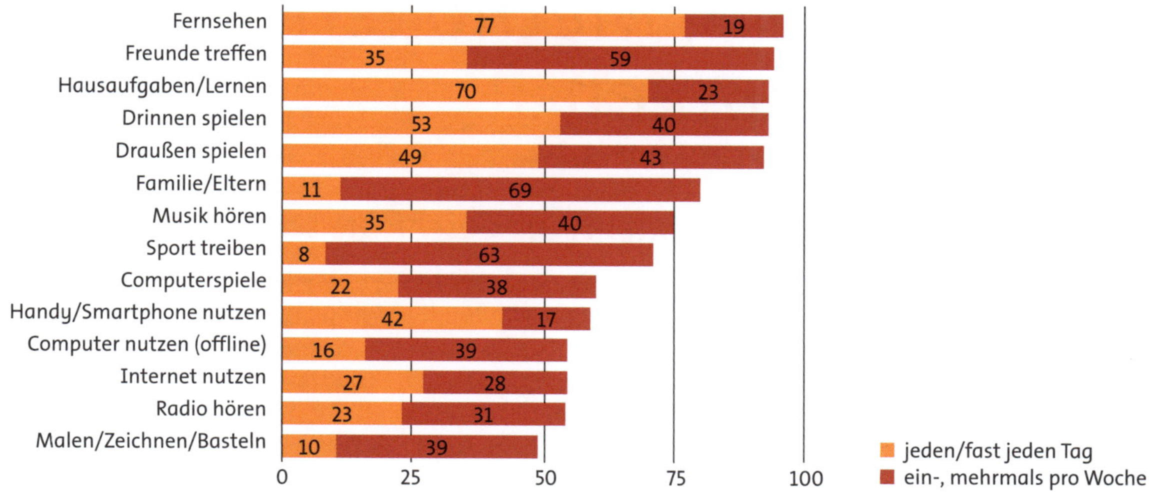


Wie viel Zeit verbringen wir wirklich mit den Medien?

**1.** Vergleiche die Ergebnisse des Schaubilds mit deinen eigenen Erfahrungen.
a) Mit welchen drei Aktivitäten verbringst du selbst am häufigsten deine Freizeit? Trage in die Tabelle ein.
b) Aus welchen Gründen verbringst du deine Freizeit mit diesen Aktivitäten? Notiere mindestens einen Grund für jede Aktivität in die Tabelle.

| **Aktivitäten, mit denen ich am häufigsten meine Freizeit verbringe** | **Gründe, weshalb ich diese Freizeitaktivitäten wähle** |
|---|---|
| | |
| | |
| | |

**2.** Nico hat bereits seinen Kommentar zum Beitrag von Constanze H. begonnen. Nun fehlen ihm leider passende Gründe, um mit seiner Behauptung zu überzeugen.
a) Hilf Nico und notiere passende Begründungen in dein Heft. Nutze dazu das Schaubild auf dieser Seite und deine eigenen Erfahrungen aus Aufgabe 1.
b) Schreibe Nicos Kommentar in deinem Heft zu Ende. Nutze deine notierten Begründungen und gehe auf die Behauptungen von Constanze H. ein.

Guten Tag Constanze H.,
ich war dieses Jahr im Waldschullandheim.
Ich bin nicht der Meinung, dass Jugendliche ihre Freizeit nur noch vor den Medien verbringen, da ...

# Merkwissen – Methoden und Arbeitstechniken

## Schritt für Schritt zu eigenen Texten: eine Geschichte schreiben

### Das Schreiben vorbereiten

*Schritt 1*
***Die Schreibaufgabe aufmerksam durchlesen***

Bevor du mit dem Schreiben beginnst, ist es wichtig, dass du die Schreibaufgabe richtig verstanden hast. Dann weißt du genau, was zu tun ist.

*Schritt 2*
***Das Schreibziel festlegen***

Wenn du die Schreibaufgabe verstanden hast und z. B. eine Geschichte schreiben sollst, musst du dir überlegen, ob die Geschichte spannend, gruselig oder lustig werden soll.

*Schritt 3*
***Ideen sammeln***

Du kannst mit der Planung deines Textes beginnen und erste Ideen für deine Geschichte sammeln und aufschreiben.

*Methoden und Arbeitstechniken*
- ***Wörtersonne***

– Notiere den Titel deiner Geschichte in die Mitte eines Blattes und kreise ihn ein.
– Schreibe alles, was dir zu diesem Thema einfällt, um das eingekreiste Wort.

*Schritt 4*
***Den Text planen***

Zuerst überlegst du dir genau, welche Personen welche Eigenschaften haben.
Das Flussdiagramm hilft dir dabei.

*Methoden und Arbeitstechniken*
- ***Flussdiagramm: Personen planen***

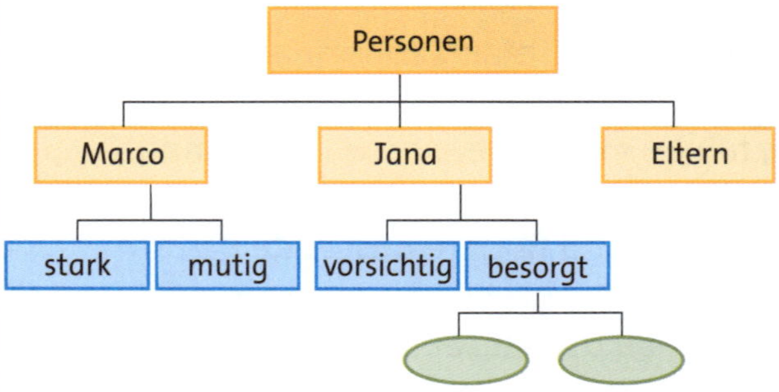

Danach machst du dir Gedanken über folgende Punkte:
- Was passiert in deiner Geschichte?
- Wie beginnt deine Geschichte und wie endet sie?
- Was ist das Spannende oder Lustige daran?
- Was ist das Besondere, das deine Leser interessiert?

Zeichne eine Spannungskurve und trage Schritt für Schritt ein, was in deiner Geschichte geschieht.

*Spannungskurve: Handlung planen*

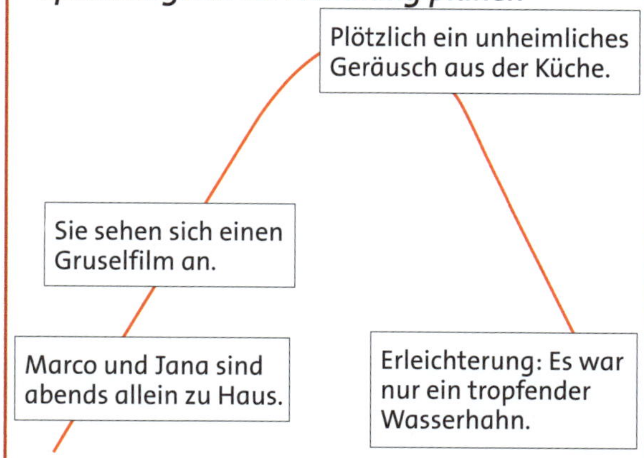


## Den Text schreiben

*Schritt 5*
*Den Text aufschreiben*

Jetzt kannst du mit dem Schreiben beginnen und deine Geschichte erzählen. Nutze hierfür alles, was du dir bisher notiert hast.

*Methoden und Arbeitstechniken*
- *Mit dem Computer schreiben*

Du kannst deinen Text auch mit dem Computer schreiben. Dabei solltest du Folgendes beachten:
- Wähle einen Namen für deine Geschichte und speichere die Geschichte unter diesem Dateinamen ab.
- Immer wenn du an deiner Geschichte weiterschreibst, musst du die Datei erneut abspeichern, damit nichts verloren geht.

- *Das Rechtschreibprogramm nutzen*

- Aktiviere das Rechtschreibprogramm deines Computers. Wähle hierzu im Menü „Extras" das Werkzeug „Rechtschreibung und Grammatik" aus.

## Den Text überarbeiten

*Schritt 6*
*Erste Korrekturen vornehmen – eine Schreibpause einlegen*

Du hast den ersten Entwurf deines Textes geschrieben. Das Rechtschreibprogramm zeigt dir, wenn du etwas falsch geschrieben hast. Rechtschreibfehler werden rot unterstrichen, Grammatikfehler grün oder blau. Diese Fehler kannst du sofort verbessern. Lege danach eine Schreibpause ein und arbeite erst später wieder am Text.

*Schritt 7*

Nach der Schreibpause fällt dir an deinem Text sogleich auf, was du noch verbessern kannst. Überarbeite den Text mithilfe einer Checkliste.

*Methoden und Arbeitstechniken*
- *Mit einer Checkliste arbeiten*

Die Checkliste hilft dir dabei zu überprüfen, ob alles, was du dir überlegt hast, auch wirklich im Text steht.

## *Schritt für Schritt einen Text untersuchen und verstehen*

| | |
|---|---|
| *Schritt 1*<br>*Einen ersten Eindruck gewinnen* | *Methoden und Arbeitstechniken*<br>• ***Den Text überfliegen***<br>– Lies die Überschrift und die Satzanfänge der einzelnen Abschnitte.<br>– Achte auf Wörter, die dir ins Auge springen. Manchmal sind wichtige Wörter fett gedruckt oder unterstrichen.<br>– Gibt es Tabellen, Schaubilder oder Fotos? |
| *Schritt 2*<br>*Fragen an den Text stellen* | *Methoden und Arbeitstechniken*<br>• ***Erste Eindrücke festhalten***<br>– Um was geht es in diesem Text?<br>– Was weißt du bereits über dieses Thema?<br>– Was interessiert dich daran? |
| *Schritt 3*<br>*Den Text aufmerksam lesen* | *Methoden und Arbeitstechniken*<br>• ***Lesen und Notizen machen***<br>– Lies den ganzen Text langsam und konzentriert durch.<br>– Wenn dir ein Wort unklar ist, unterstreiche es mit einem Bleistift. |
| *Schritt 4*<br>*Schlüsselwörter herausfinden* | *Methoden und Arbeitstechniken*<br>• ***Erneutes Lesen***<br>– Lies den Text ein zweites Mal durch. Beantworte die Fragen, die du an den Text gestellt hast.<br>– Unterstreiche wenige Schlüsselwörter. Sie geben oft Antwort auf deine Fragen. |
| *Schritt 5*<br>*Die Wörter klären, die du nicht verstanden hast* | *Methoden und Arbeitstechniken*<br>• ***Nachschlagen***<br>– Einige Wörter hast du unterstrichen, weil du sie nicht verstanden hast. Schlage sie im Wörterbuch nach. Du kannst auch dein Smartphone nutzen. |
| *Schritt 6*<br>*Den Inhalt mit eigenen Worten wiedergeben* | *Methoden und Arbeitstechniken*<br>• ***Zusammenfassen***<br>– Fasse jeden Textabschnitt in einem kurzen Satz zusammen. Achte dabei auf die Schlüsselwörter. |
| *Schritt 7*<br>*Den Inhalt anderen vorstellen* | *Methoden und Arbeitstechniken*<br>• ***Einen Spickzettel erstellen***<br>– Damit du anderen den Inhalt des Textes gut vorstellen kannst, solltest du dir einen „Spickzettel“ anlegen, auf dem du die wichtigsten Punkte notierst. Achte auf die Reihenfolge! |

## Beschreiben

Wenn du etwas **beschreibst**, dann stellst du etwas sehr ausführlich dar. Das heißt, du informierst jemanden beispielsweise über eine **Person**, einen **Gegenstand**, ein **Bild**, einen **Weg**, einen **Ort** oder einen **Vorgang**. Zu den Vorgangsbeschreibungen gehören beispielsweise Spielanleitungen, Bastelanleitungen, Kochrezepte, Gebrauchsanweisungen oder auch Aufbauanleitungen.

Meistens beschreibst du etwas, das dein Leser oder Gesprächspartner noch nicht kennt, aber durch deine Beschreibung kennenlernen kann. Folgende **Checkliste** kann dir dabei helfen:

- √ Ich habe als Erstes genannt, **was** ich beschreiben möchte.
- √ Ich habe über wichtige Einzelheiten **informiert**.
- √ Ich habe wichtige Einzelheiten **richtig** und **genau** dargestellt.
- √ Ich habe **Fachwörter** benutzt.
- √ Ich habe **Adjektive** benutzt, mit denen man etwas genau beschreiben kann.
- √ Ich bin bei meiner Beschreibung **sachlich** geblieben.
- √ Ich habe das, was ich beschreiben wollte, **übersichtlich** dargestellt und die richtige **Reihenfolge** eingehalten.
- √ Ich habe als Zeitform das **Präsens** verwendet.

## Personen beschreiben

Eine Person wird so beschrieben, dass sich jemand diese Person vorstellen kann, obwohl er sie nicht kennt. Wenn du eine Person beschreiben möchtest, kannst du dabei so vorgehen:

- Sieh dir die Person genau an. Welchen Gesamteindruck hast du von ihr?
- Wie alt ist die Person?
- Wie sieht ihr Gesicht aus (Augen, Nase)?
- Wie sehen ihre Haare aus?
- Welchen Körperbau hat sie (Größe, Figur)?
- Wie sieht ihre Kleidung aus?
- Hat die Person besondere Kennzeichen?
- Wie wirkt die Person auf dich?

## *Gegenstände beschreiben*

Man kann das Aussehen eines Gegenstands **beschreiben**, damit sich andere ihn gut vorstellen können. Das brauchst du beispielsweise für eine Verlustanzeige, wenn du etwas verloren hast. Oder auch, wenn du jemandem ganz genau beschreiben möchtest, wie der Füller oder das Smartphone aussehen soll, den bzw. das du dir wünschst.
Wenn du einen Gegenstand genau beschreiben möchtest, kannst du so vorgehen:
Beschreibe,

- um **welchen Gegenstand** es sich handelt;
- für **welchen Zweck** man den Gegenstand verwenden kann;
- **welche Form** der Gegenstand hat (rund, quadratisch, eckig, länglich, wie ein Rohr);
- **wie groß** der Gegenstand ist (mm, cm, m, so groß wie eine Münze);
- **wie die Oberfläche aussieht** oder sich **anfühlt** (matt, rau, gelöchert, gemustert, gestreift, gewölbt, uneben, glänzend, glatt);
- **welche Farbe** der Gegenstand hat (rot, gold, orangefarben);
- **aus welchem Material** der Gegenstand besteht (Keramik, Holz, Metall);
- **welche Besonderheiten** der Gegenstand hat (Verzierungen, Aufkleber, fehlende Einzelteile, Kratzer).

## *Vorgänge beschreiben*

Wenn du Vorgänge **beschreibst**, erklärst du anderen einen Vorgang so, dass man ihn nachmachen kann. Dabei kannst du so vorgehen:

- Sage als Erstes, was du **erklären** und **beschreiben** möchtest.
- Nenne dann die **Materialien**, die gebraucht werden.
- Beschreibe anschließend die **einzelnen Schritte des Vorgangs**.
- Achte darauf, dass die **Reihenfolge** der einzelnen Schritte stimmt. Folgende Formulierungen helfen dir dabei:

*zunächst, am Anfang, als Erstes, als Nächstes, anschließend, danach, daraufhin, dann, jetzt, nach, nachfolgend, nachdem, nun, schließlich, später, vor, während, zuerst, zuletzt, am Schluss.*

## Berichten

Wenn du über etwas **berichtest**, dann informierst du über einen bestimmten Vorfall. Dein Leser oder Gesprächspartner soll verstehen und sich vorstellen können, **was geschehen ist**, obwohl er nicht dabei war. Berichtet wird oft über eine Theateraufführung, ein Fußballspiel, eine Reise, über einen Unfall oder auch über eine Straftat.
Berichtet wird über etwas, **das bereits vergangen ist**. Daher werden die Zeitformen der Vergangenheit benutzt (Präteritum und Plusquamperfekt).

Wenn du schriftlich oder mündlich über etwas berichten möchtest, solltest du die folgenden Fragen beantworten:

- √ **WAS** ist passiert?
- √ **WER** war beteiligt?
- √ **WANN** ist es geschehen?
- √ **WO** ist es vorgefallen?
- √ **WIE** hat es sich ereignet?
- √ **WAS** war die Ursache?
- √ **WELCHE Folgen/Ergebnisse** gibt es?

## Argumentieren: Die eigene Meinung schriftlich begründen

Argumentieren heißt, dass du bei einem Sachverhalt, zu dem es unterschiedliche Meinungen gibt, deine Meinung so darstellst und begründest, dass du den Leser von ihr überzeugen kannst. Hierbei kannst du folgendermaßen vorgehen:

1. Stelle deine eigene Meinung dar:
*Ich finde, heutzutage braucht jeder Jugendliche ein eigenes Smartphone. Das gehört einfach dazu.*

2. Begründe deine Meinung:
*Ohne Smartphone ist man von vielen Informationen ausgeschlossen und man kann im Freundeskreis bei vielen Dingen nicht mitreden.*

3. Nenne ein Beispiel:
*Letzte Woche wollten wir spontan ins Kino gehen und haben uns mit dem Smartphone verabredet. Nur Julia konnten wir nicht erreichen. Ihre Eltern erlauben ihr kein eigenes Smartphone. Die war ziemlich sauer auf ihre Eltern.*

Als Argument bezeichnet man die sachliche Begründung eines Standpunktes oder einer Meinung.

**Bestell-Nr. 6401-12  ISBN 978-3-619-64112-3**


www.mildenberger-verlag.de
E-Mail: info@mildenberger-verlag.de

Auflage 4 3 2 1
Jahr 2021 2020 2019 2018



Umschlagillustrationen: Anna Laura Jacobi, Potsdam; Andreas Fischer, Köln
Redaktion: Michael Banse, Leipzig
Gesamtgestaltung: Typografie & Herstellung, Julia Walch, Bad Soden
Druck: Lensing Druck GmbH & Co. KG, 44149 Dortmund
Gedruckt auf umweltfreundlichen Papieren

Bezugsmöglichkeiten
Alle Titel des Mildenberger Verlags erhalten Sie unter: www.mildenberger-verlag.de oder im Buchhandel.
Jede Buchhandlung kann alle Titel direkt über den Mildenberger Verlag beziehen.
Ausnahmen kann es bei Titeln mit Lösungen geben: Hinweise hierzu finden Sie in unserem aktuellen Gesamtprogramm.

# Das Lernen lernen

*Ein Buch vorstellen*

**Schritt 1: Die Auswahl treffen – welches Buch stelle ich vor?**

In vielen Klassen stellen sich Mitschüler gegenseitig Bücher vor. Dabei kannst du so vorgehen:

1. Entscheide dich für ein Buch, das dir gut gefällt. Dann kannst du deine Mitschüler mit deiner Begeisterung anstecken. Begründe deine Auswahl.
2. Fasse die Angaben zum Autor/zur Autorin und zum Buch im Heft kurz zusammen.
3. Suche eine Textstelle heraus, die du vorlesen möchtest. Kopiere diese Textstelle.
4. Bereite das Vorlesen und die Präsentation vor der Klasse vor.

**Schritt 2: Ins Buch blicken – um was geht es?**

Deine Zuhörer interessiert es, worum es im Buch geht. Sie möchten wissen, welche Personen vorkommen und was das Spannende oder Witzige ist. Die meisten Bücher haben auf der Rückseite einen „Klappentext", der genau darüber informiert.

Info:
In einem Klappentext wird der Inhalt eines Buches kurz und knapp zusammengefasst. Er soll die Neugier beim Leser wecken. Daher wird auch nur ein Teil der Geschichte erzählt, um den Inhalt nicht sofort zu verraten.

**Klappentext**

„In einer stürmischen Nacht taucht ein unheimlicher Gast bei Meggie und ihrem Vater Mo auf. Er warnt ihren Vater vor einem Mann namens Capricorn. Am nächsten Morgen reist Mo überstürzt mit Meggie zu ihrer Tante Elinor, die über eine kostbare Bibliothek verfügt. Hier versteckt Mo das Buch, um das sich alles dreht. Ein Buch, das Mo vor vielen Jahren zum letzten Mal gelesen hat und das jetzt in den Mittelpunkt eines unglaublichen, atemberaubenden Abenteuers rückt – eines Abenteuers, in dessen Verlauf Meggie nicht nur das Geheimnis um Zauberzunge und Capricorn löst, sondern auch selbst in große Gefahr gerät …"

»Die Dunkelheit war blass vom Regen und der Fremde war kaum mehr als ein Schatten. Nur sein Gesicht leuchtete zu Meggie herüber.«

Wer ist Staubfinger, der Fremde, wirklich? Und wer ist Capricorn, wer Zauberzunge? Antworten findet Meggie in einem alten ligurischen Bergdorf – und in einem Buch.

Ansicht eines Klappentextes auf der Umschlagrückseite

http://www.lernwege-deutsch.de/38

**Schritt 3: Informationen sammeln – Interessantes festhalten**

1. Trage Informationen über das Leben und die Arbeit des Autors/der Autorin zusammen. Halte deine Informationen auf einem kleinen Plakat fest. Du kannst das Plakat zu deiner Präsentation mitbringen. Es könnte so aussehen:

Cornelia Funke

- geboren 1958
- lebt in Los Angeles
- hat zwei Kinder

- Diplompädagogin und Erzieherin
- schreibt Kinder- und Jugendbücher

Werke (Auswahl)
- Herr der Diebe
- Die wilden Hühner
- Reckless

**Schritt 4: Sich entscheiden – die Leseprobe festlegen**

Für die Präsentation vor der Klasse suchst du eine Textstelle („Leseprobe") aus, die sich zum Vorlesen eignet. Sie sollte nicht zu lang sein. Vielleicht genügen schon zwei oder drei Seiten.

1. Triff die Auswahl sorgfältig. Deine Zuhörer kennen das Buch noch nicht. Versetze dich in ihre Lage.
   - Können sie verstehen, um was es geht?
   - Sind die wichtigsten Inhalte und Informationen dargestellt?
   - Weckt die „Leseprobe" Neugier bei den Zuhörern? Bekommen sie Lust darauf, das Buch zu lesen?
   - Hat dein Textausschnitt einen verständlichen Anfang und ein nachvollziehbares Ende?
2. Wenn du dich für eine Leseprobe entschieden hast, lies sie jemandem vor, der nicht in deiner Klasse ist: deiner Mutter, deinem Vater, deinen Geschwistern oder einem Freund.
   a) Danach könnt ihr euch darüber austauschen, ob die Leseprobe gut gewählt ist. Nutze für den Austausch die Fragen aus Aufgabe 1.
   b) Notiere die Hinweise, die dir dein Zuhörer gibt. Möglicherweise musst du nach einem anderen Textausschnitt suchen.









**Schritt 5: Das Vorlesen üben – flüssig und betont lesen**

Darauf achte ich beim Vorlesen:

**Einen Text vorlesen**

**Betonung**
Ich verändere meine Stimme so, dass sie zum Inhalt passt.
Ich nutze die Satzschlusszeichen zur Betonung.
Ich betone die **wörtliche Rede** so, dass man beim Vorlesen merkt, wer spricht.

**Lesetempo**
Ich lese flüssig, aber nicht zu schnell.
Ich lese langsamer vor, als ich normalerweise spreche.

**Pausen**
Ich mache Pausen beim Lesen. Die Satzschlusszeichen helfen mir dabei.

**Lautstärke**
Ich verändere die Lautstärke so, dass sie zum Inhalt passt.

**Körpersprache**
Ich halte Blickkontakt mit den Zuhörern.

**Aussprache**
Ich spreche die Wörter klar und deutlich aus.

Tipp:
Nimm den Text, den du vorlesen willst, mit einem Smartphone oder einem Diktiergerät auf.
Halte fest, wie lange du dafür brauchst. Stimmt das Lesetempo?
Bist du zufrieden mit der Betonung und deiner Aussprache? Hast du laut genug gesprochen? Hast du Sprechpausen eingelegt?

**Schritt 6: Den Vortrag vorbereiten – die Präsentation naht**

Wenn du den Text (deine Leseprobe) ausreichend geübt hast, überlegst du dir, wie du deinen Vortrag für die Buchpräsentation gestalten möchtest.

1. Notiere für deine Präsentation die wichtigsten Stichpunkte auf Karteikarten, z. B.: „Angaben zum Buch", „Wissenswertes über den Autor", „Inhalt des Buches", „Gründe, weshalb dir das Buch so gut gefällt".
   Nimm für jeden Stichpunkt eine neue Karte.

Angaben zum Buch:

Titel: ____
Autor/in: ____
Verlag: ____
Altersempfehlung: ____
Seitenzahl: ____
Preis: ____

2. Meist ist die Aufregung groß, wenn man der Klasse etwas präsentiert. Damit du deinen Vortrag flüssig gestalten kannst, ist es gut, wenn du dir vorab schon ein paar Formulierungen auf eine weitere Karteikarte notierst, z. B.:

**Einleitende Worte:** Heute möchte ich euch gerne eines meiner Lieblingsbücher vorstellen. Es heißt … Geschrieben hat es …
**Überleitung zum Vorlesen:** Mir gefällt an diesem Buch, … und das möchte ich euch jetzt zeigen. Darum lese ich jetzt eine Stelle aus dem Buch vor, die ich ganz besonders toll finde.
**Abschließende Bemerkungen:** Wenn ihr also was ganz Spannendes lesen möchtet, dann müsst ihr euch unbedingt dieses Buch besorgen.

Tipp:
Trage Gegenstände zusammen, die etwas mit dem Inhalt deines Buches zu tun haben. Nimm sie zu deinem Vortrag mit. Du kannst so deine Buchvorstellung interessanter gestalten und die Zuhörer auf das Thema einstimmen.

### Schritt 7: Das Buch präsentieren – einen Vortrag halten

Nun ist es so weit. Du hältst deinen Vortrag. Hier ein paar Tipps, damit deine Buchpräsentation gelingt:

- Kleide dich so, dass du dich vor der Klasse wohlfühlst.
- Nimm dir Zeit und lege alles bereit, was du für deinen Vortrag brauchst.
- Warte, bis Ruhe eingekehrt ist, ehe du beginnst.
- Begrüße deine Zuhörer und sage ihnen, über was du sprechen wirst.
- Zeige deinen Zuhörern das Buch. Betrachte mit ihnen zusammen das Deckblatt.
- Versuche, deinen Vortrag möglichst frei zu halten. Nutze dabei die Karteikarten, die du vorbereitet hast.
- Sprich laut, deutlich und langsam.
- Schaue während des Vortrages immer wieder deine Zuhörer an. An ihren Gesichtsausdrücken kannst du erkennen, ob sie dir noch folgen können.

Es ist völlig normal, wenn du vor deinem Vortrag etwas „Lampenfieber" hast. Das gehört dazu. Halte fest, was du im Vorfeld tun kannst, damit das Lampenfieber nicht allzu stark wird.

*So kann ich dem Lampenfieber vorbeugen:*

*(deine Notizen)* ______

*Mich gut vorbereiten, damit ich sicher auftreten kann*

*tief durchatmen*

### Schritt 8: Die Rückmeldung vorbereiten – „Was ich euch noch fragen wollte ..."

Nach deiner Präsentation ist es wichtig, dass du Rückmeldungen von deinen Zuhörern bekommst. Dann weißt du, was dir schon gut gelungen ist, aber auch, was du anders oder besser machen kannst, wenn du wieder einmal ein Buch vorstellst. Daher ist es wichtig, dass du die „Rückmelderunde" gut vorbereitest. Du kannst dabei folgendermaßen vorgehen:

**1.** Überlege schon vor deiner Präsentation, über welche Punkte du gerne eine Rückmeldung bekommen möchtest. Halte diese auf Karten fest. Nimm für jeden Punkt eine neue Karte. Nutze dabei auch die Punkte von Schritt 5.
Beispiel:

*Lesetempo*
*Ich bin mir unsicher, ob ich flüssig gelesen habe.*

*Körpersprache*
*Wie war mein Blickkontakt zu euch?*

*Leseprobe*
*Fandet ihr, dass meine Leseprobe gut ausgewählt war?*

*Inhalt*
*Konntet ihr verstehen, um was es im Buch geht?*

**2.** Halte fest, was du deine Zuhörer außerdem noch fragen möchtest.
*(deine Notizen)* ______







# *Spirit Animals*

## *Fantastische Geschichten lesen, untersuchen und verstehen*

Zusammen mit ihren Seelentieren wagen sich Conor, Rollan, Meilin und Abeke auf eine gefährliche Mission. Wird es den Gefährten gelingen, den Feind zu besiegen?

**1.** Wo lebt wer? Schaue dir die Karte an und lies die Texte. Schreibe deine Antwort auf die Linien in den Kästen.

Conor ist der Sohn des Schäfers Fenray. Er arbeitete als Diener auf der Burg Trunswick, die im Norden von Erdas liegt.
Conor kommt aus *Eura*.

Meilin ist die Tochter eines hohen Generals. Ihr Land ist von einer mächtigen Mauer umgeben und liegt nicht im Westen von Erdas.
Meilin kommt aus *Zhong*.

Abeke geht gern auf die Jagd. Ihr Seelentier ist groß. Wenn man die Karte von Erdas betrachtet, dann liegt ihr Land dort, wo bei uns Afrika liegt.
Abeke kommt aus *Nilo*.

Rollan ist mit fünf Jahren Waise geworden und lebte als Dieb auf der Straße. Er stammt nicht aus Arctica oder Stetriol. Sein Herkunftsland liegt im Westen von Erdas.
Rollan kommt aus *Amaya*.

**In diesem Kapitel kannst du lernen, ...**

- was eine fantastische Geschichte ausmacht.
- worum es in dem Buch „Spirit Animals" geht.
- Informationen aus einem Text zu entnehmen.
- Fragen zu einem Text zu beantworten.

**Hier findest du heraus, was du schon kannst:**

**1.** „Spirit Animals" ist eine fantastische Geschichte. Vielleicht weißt du schon, was eine fantastische Geschichte ausmacht. Kreuze an.

| | richtig | falsch |
|---|---|---|
| Fantastische Geschichten spielen oft in fremden Welten. | ✗ | |
| Fantastische Geschichten beginnen mit „Es war einmal ..." | ✗ | |
| Die Hauptpersonen in fantastischen Geschichten sind oft auf einer Reise. | | ✗ |
| In fantastischen Geschichten gibt es nur gute Menschen. | | ✗ |
| In fantastischen Geschichten gibt es keine erfundenen Figuren wie z. B. Drachen, Feen, magische Wesen. | ✗ | |
| Meistens gibt es Menschen oder Figuren, die auserwählt sind, irgendetwas zu tun. | | ✗ |
| Fantastische Geschichten gibt es nur für Kinder und Jugendliche. | | ✗ |

**2.** Hier siehst du das Cover von „Spirit Animals – der Feind erwacht".
Stelle Vermutungen an, worum es in dem Buch gehen könnte.
*(deine Lösung)* ______

*Conor*

### Am Morgen vor der Nektarzeremonie

Conor lebt auf der Burg des Grafen von Trunswick. Dort ist er Diener von Devin, dem ältesten Sohn von Eric, des Grafen von Trunswick. Dawson ist der jüngere Bruder von Devin. Heute ist ein besonderer Tag.

(...) An diesem Tag fand in Trunswick die Nektarzeremonie statt. In weniger als einer Stunde sollten die Kinder des Ortes, die in diesem Monat elf wurden, ein Seelentier rufen. Conor wusste, dass die Bindungen an die Tiere in manchen Familien besonders häufig vorkamen. Aber eine Garantie, dass einem ein Tier erschien, gab es nicht, egal welchen Familiennamen man trug. Heute sollten nur drei Kinder den Nektar trinken. Da war die Wahrscheinlichkeit, dass eines von ihnen Erfolg hatte, eher gering ... Prahlerei im Vorfeld war also wenig ratsam.
„Was für ein Tier bekommst du wohl?", wollte Dawson wissen.
„Das weiß ich genauso wenig wie du", erwiderte Devin. „Was glaubst du?"
„Ein Backenhörnchen", prophezeite Dawson.
Devin stürzte sich auf seinen Bruder, der kichernd wegrannte. Er war nicht so festlich gekleidet wie sein älterer Bruder und konnte sich deshalb freier bewegen. Devin hatte ihn trotzdem schnell eingeholt, warf ihn zu Boden und hielt ihn dort fest.
„Wahrscheinlich eher einen Bären", sagte Devin und drückte dem Bruder den Ellbogen in die Brust. „Oder eine Wildkatze wie Vater. Die soll dann zuerst dich fressen."
(...) „Vielleicht bekommst du gar keins", sagte Dawson frech.
„Dann bin ich später immer noch Graf von Trunswick und somit dein Herr."
„Nicht, wenn Vater länger lebt als du." „Pass auf, was du da sagst, Kleiner."
„Gott sei Dank bin ich nicht wie du."
Devin drückte Dawsons Nase zusammen, bis Dawson schrie, dann stand er auf und strich seine Hose glatt. „Wenigstens tut mir nicht die Nase weh."
„Conor trinkt den Nektar auch!", rief Dawson. „Vielleicht ruft er ein Seelentier." Conor wäre am liebsten im Erdboden versunken. Natürlich machte er sich Hoffnungen. Er konnte gar nicht anders. Zwar hatte es in seiner Familie seit einem zwielichtigen Urgroßonkel keiner mehr zu einem Seelentier gebracht, trotzdem war grundsätzlich alles möglich.
„Natürlich." Devin kicherte. „Und die Tochter des Schmieds wahrscheinlich auch."
„Man weiß nie." Dawson setzte sich auf und rieb sich die Nase. „Was für ein Tier hättest du denn gern, Conor?"
Conor blickte zu Boden. Aber auf die Frage eines Adligen musste er antworten. „Ich kam immer gut mit Hunden zurecht. Ich glaube, ein Schäferhund wäre mir das Liebste."
„Wie originell!" Devin lachte. „Der Schäfer träumt von einem Schäferhund."
„Ein Hund wäre toll", sagte Dawson.
„Aber gewöhnlich", erwiderte Devin. „Wie viele Hunde hast du denn, Conor?"
„Du meinst meine Eltern? Zehn, als ich sie zuletzt gezählt habe."
„Wie lange hast du deine Eltern nicht mehr gesehen?", fragte Dawson.
Conor versuchte ganz ruhig zu klingen. „Über ein halbes Jahr."
„Kommen sie heute auch?"
„Sie werden es versuchen. Hängt davon ab, ob sie zu Hause wegkönnen."
Er tat gleichgültig für den Fall, dass sie es nicht schaffen.
„Na, da kannst du ja gespannt sein." Devin klang verächtlich. (...)

http://www.lernwege-deutsch.de/39







**1.** Lies den Text leise für dich durch. Du kannst dir den Text auch anhören.

**2.** a) Schlage die unterstrichenen Wörter im Wörterbuch oder oder im Internet nach.
*Zeremonie: feierliche Handlung*
*Nektar: Getränk aus zu Mus zerdrücktem, gezuckertem und mit Wasser verdünntem Fruchtfleisch*
*Wahrscheinlichkeit: Grad der Möglichkeit des Eintretens*
*Prahlerei: Aufschneiderei, Angeberei*
*prophezeien: wahrsagen, vorausahnen*
*zwielichtig: fragwürdig, undurchsichtig*
*Adlige: edles Geschlecht, Fürsten, Könige, Kaiser*

b) Gibt es Wörter, die du nicht kennst? Unterstreiche sie mit Bleistift. Schlage diese auch nach. *(deine Lösung)*

**3.** Du erfährst in dem Text einiges über Conor, Devin und Dawson.
a) Unterstreiche mit einem Lineal die wörtlichen Reden im Text. Wer sagt was?
Dawson: rote Farbe, Devin: blaue Farbe, Conor: grüne Farbe

b) Schreibe Stichworte auf. Was erfährst du über die drei Personen?

| **Devin** | **Dawson** | **Conor** |
|---|---|---|
| – ältester Sohn des Grafen von Trunswick.<br>– *elf Jahre alt*<br>– *soll den Nektar trinken*<br>– *Erbe des Grafen von Trunswick*<br>– *sein Vater hat ein Seelentier gerufen (Wildkatze)*<br>– *eingebildet*<br>– *stolz*<br>– *...* | – jüngerer Bruder von Devin<br>– *ärgert seinen Bruder und Conor* | – Diener von Devin<br>– 11 Jahre alt<br>– *soll auch den Nektar trinken*<br>– *nur sein Urgroßonkel hatte ein Seelentier*<br>– *ist gespannt auf die Nektarzeremonie*<br>– *macht sich Hoffnungen auf ein Seelentier*<br>– *hat ein bisschen Angst vor Devin und Dawson*<br>– *wünscht sich einen Schäferhund als Seelentier*<br>– *vermisst seine Eltern*<br>– *...* |

**4.** Schaue auf der Karte auf Seite 12 nach, wo Trunswick liegt. Schreibe einen Satz.

Trunswick liegt *im Nordwesten von Eura.*

**5.** Warum wünscht sich Conor einen Schäferhund als Seelentier?
*Conor mag Schäferhunde, weil seine Eltern welche haben und er gut mit ihnen zurechtkommt. Sie beschützen die Schafherde.*

*Rollan*

### Nektarzeremonie im Gefängnis

Rollan stammt aus Concorba in Amaya. Er lebt als Dieb auf der Straße. Als er Medizin für seinen kranken Freund stehlen will, wird er erwischt und kommt ins Gefängnis. Dem Wächter fällt auf, dass Rollan noch keinen Nektar getrunken hat. So kommt es, dass der Wärter eine Frau zu ihm schickt, die ihm den Nektar zu trinken gibt.

*Die schnelle Nektarzeremonie* *(Beispiellösung)*
(...) Für manche Kinder war die Zeremonie ein großes Fest. Teilnehmer und Angehörige machten sich fein, Zuschauer kamen, Reden wurden gehalten und Erfrischungen serviert. Rollans Publikum bestand nur aus einer Ratte und ein paar Wächtern und Mitgefangenen in einem schmutzigen Gefängnis. Deshalb wollte er alles möglichst schnell hinter sich bringen.

*Ein Schluck Nektar* *(Beispiellösung)*
Die Frau zog ein einfaches Fläschchen hervor, öffnete es und hielt es ihm hin. „Ein Schluck reicht."
„Das war eine eindrucksvolle Rede", sagte Rollan und nahm das Fläschchen. „Aber deine Begabung kommt in diesem feuchten Keller überhaupt nicht zur Geltung. Du solltest lieber über der Erde arbeiten." Er nahm einen Schluck. In der Stadt gab es eine Gastwirtschaft, in der er manchmal gesüßten Zimttoast bekam, seine Lieblingsspeise. Der Nektar schmeckte ähnlich.

*Ein Falke erscheint* *(Beispiellösung)*
Rollan wischte sich den Mund ab und die Frau streckte die Hand nach dem Fläschchen aus. Da wurde ihm plötzlich schwindelig. Es war, als verbreiteten sich sprühende Funken in seinem Körper. Was war das? Seine Hand mit dem Fläschchen zitterte. Die Frau nahm es entgegen und Rollan fiel auf die Knie.
„Was passiert mit mir?", lallte er.
Ohrenbetäubender Donner ertönte und es wurde dunkel. Oder konnte er auf einmal nichts mehr sehen? Ein greller Lichtschein erlosch kurz nach seinem Erscheinen wieder.
Vor ihnen schwebte ein Falke, ein großer, starker Vogel mit braungoldenem Gefieder und weiß gefleckter Brust. Flügelschlagend landete er auf Rollans Schulter. Sobald Rollan die Krallen auf seiner Haut spürte, ließ das brennende Gefühl in seinem Innern nach. Die anderen starrten den Vogel entgeistert an.

http://www.lernwege-deutsch.de/40

*Rollan beobachtet scharf (Beispiellösung)*

Einen Augenblick lang waren Rollans Sinne aufs Äußerste geschärft. Er nahm jede kleinste Gesteinspore in Boden und Wänden wahr. Er sah die Spinne, die sich über ihm in einer Ecke an der Decke hinter wehenden Spinnweben versteckte. Und er spürte das erschrockene Staunen der Anwesenden. Dann war plötzlich alles wieder wie zuvor.

*Erstaunen der Frau im Mantel (Beispiellösung)*

„Ein Falke!", rief die Frau im grünen Mantel verwundert. „Mit bernsteingelben Augen!"
„Ein Gerfalke*", fügte Rollan hinzu.
„Woher weißt du das?", fragte der Wächter.
„Ich weiß es einfach."
„Natürlich ist das ein Gerfalke", murmelte die Frau. Sie starrte Rollan prüfend an, als wäre sie soeben aus einer Trance erwacht. „Wie kann das sein? Wer bist du?"
„Nur ein Waisenjunge", antwortete Rollan.
„Da steckt doch mehr dahinter", murmelte sie wie zu sich selbst.
„Und ein Verbrecher", fügte Rollan hinzu. „Sogar einer von der schlimmsten Sorte."
„Die wäre?", fragte die Frau.
„Einer, der sich erwischen lässt."

*Rollan wird eingesperrt (Beispiellösung)*

Die Frau sah den Wärter an.
„Sperr ihn in seine Zelle. Ich komme wieder."
„Den Vogel auch?", fragte der Wärter.
„Natürlich. Er ist sein Seelentier."

1. Lies dir den Text genau durch. Du kannst dir den Text auch anhören.
2. Unterstreiche Wörter, die du nicht kennst. Schlage im Wörterbuch nach.
3. Gib den Abschnitten eine passende Zwischenüberschrift. Schreibe sie auf die Linien über den Textabschnitten.
4. Lies die Aussagen. Sind diese richtig oder falsch?
   a) Kreuze an.
   b) Verbessere falsche Aussagen, indem du den Satz verbessert auf die Linien schreibst.

| | richtig | falsch |
|---|---|---|
| Für Rollan war die Nektarzeremonie ein großes Fest. | | ✗ |
| Rollan fand, dass der Nektar nach gesüßtem Zimttoast schmeckt. | ✗ | |
| Auf Rollans Schulter landete ein großer, braungoldener Adler. | | ✗ |
| Die Frau, die den Nektar brachte, war überrascht über das Seelentier. | ✗ | |
| Rollan wurde nach der Zeremonie aus dem Gefängnis entlassen. | | ✗ |
| *Für Rollan war die Nektarzeremonie kein großes Fest.* | | |
| *Auf Rollans Schulter landete ein großer, braungoldener Falke.* | | |
| *Rollan wird nach der Nektarzeremonie wieder eingesperrt.* | | |

   c) Was hast du bisher über Rollan erfahren? Fülle die Schriftrolle mit Stichworten. Beachte: Du kannst noch nicht alles ausfüllen.

**Rollan**
Herkunft: *Concorba in Amaya*
Alter: *11*
Besondere Fähigkeiten: *selbstbewusst, hat gute Sinne*
Seelentier: *Falke*

* größte und schwerste Falkenart.







*Rollan, Conor und Meilin lernen sich kennen*

## Auf der Westburg

(...) Rollan stapfte durch das hohe Gras zum Tor der Westburg, als plötzlich ein grimmig aussehender Grünmantel auf einem mächtigen Pferd in sein Blickfeld ritt. Auf der einen Seite lief ein Mädchen, auf der anderen ein Junge neben ihm her. Das Mädchen wurde von einem Panda begleitet, der Junge von einem großen Wolf. Als sie sich näherten, beschleunigte Rollan seine Schritte. Der Panda und der Wolf konnte niemand anderes sein als die Gefallenen Jhi und Briggan.
Der Grünmantel stieg ab und Rollan betrachtete ihn prüfend. Er gehörte zu jenen Leuten, um die Rollan auf den Straßen von Concorba einen großen Bogen gemacht hätte.
Der Junge hatte blonde Haare und trug einen grünen Mantel. Demnach hatte er das Gelübde bereits abgelegt. Er war normal groß für sein Alter, wirkte aber noch sehr jung und hatte ein freundliches und offenes Gesicht – ein Gesicht, das noch voller Neugier auf das Leben war. Das Mädchen war dagegen eine auffallende Erscheinung. Seine Augen glänzten und es lächelte scheu. Rollan blieb wie angewurzelt stehen. In den Augen des Mädchens las er Genugtuung über seine bewundernden Blicke. Das scheue Lächeln aber wirkte einstudiert. Den Kleidern und dem Aussehen nach zu urteilen kam es aus Zhong, wofür auch das Seelentier sprach. Rollan hatte noch nie einen Panda oder einen Wolf gesehen. Er kannte diese Tiere nur durch die Witwe Renata, die regelmäßig das Waisenhaus besucht und den Kindern aus bebilderten Schriften über die Großen Tiere vorgelesen hatte.
„Ich bin Tarik", sagte der Grünmantel. „Du bist vermutlich Rollan?"
„Woher kennst du meinen Namen?", fragte Rollan verblüfft. „Ach so, du hast den Falken gesehen."
„Meilin, Conor, darf ich euch Rollan vorstellen?", sagte Tarik. „Er ist hier in Amaya geboren und aufgewachsen und hat Essix gerufen, so wie ihr Jhi und Briggan gerufen habt."
Der Wolf trottete vor und der Falke flog auf den Boden und stellte sich vor ihn. Auch der Panda gesellte sich zu den beiden. Essix krächzte leise. Die drei Tiere betrachteten einander aufmerksam.
„Ob sie sich aneinander erinnern?", fragte Meilin. Sie hatte eine angenehm klingende Stimme, die zu ihrer Erscheinung passte.
„Schwer zu sagen", antwortete Tarik, „wie viel sie aus ihrem früheren Leben noch wissen. Vielleicht handelt es sich in diesem Stadium eher um Instinkt."
„Und wo ist das vierte Gefallene Tier?", fragte Rollan. „Uraza?"
Tarik verzog das Gesicht. „Jemand ist uns zuvorgekommen. Er hat Uraza und das Mädchen, das zu ihr gehört, in seiner Gewalt. Durch Zerif wäre es dir beinahe genauso ergangen. Das Mädchen heißt Abeke. Wir wissen nicht, wo sie sich gegenwärtig aufhält, werden aber nicht ruhen, bis wir es herausgefunden haben. Lenori glaubt, dass sie und Uraza noch leben. Es wird sehr schwer sein, die beiden aufzuspüren."
„Hast du uns über Lenori gefunden?", fragte Conor.
Tarik nickte. „Lenori ist von allen Grünmänteln die größte Hellseherin. Durch sie allein wussten wir, dass die Vier Gefallenen zurückgekehrt sind."
„Allwissend scheint sie aber nicht zu sein", wandte Rollan ein. „Sonst wäre euch bei dem Mädchen aus Nilo nicht jemand zuvorgekommen."
„Solange Uraza fehlt, müssen eben wir drei die Vier Gefallenen vertreten", sagte Meilin. „Aber sollten wir jetzt nicht endlich mal erfahren, worum es hier geht?"
„Olvan wird euch alles erklären", sagte Tarik. „Eines wisst ihr ja schon: Ihr sollt den Grünmänteln beitreten und uns helfen, Erdas zu retten."
„Vor dem Großen Schlinger?", fragte Rollan. Man hörte ihm an, dass er nicht so recht daran glaubten konnte.
Die Frage schien Tarik einen Moment lang zu verunsichern. „Wer hat den Schlinger erwähnt?"
„Dieser Kerl, dem ich begegnet bin", sagte Rollan. „Er ritt auf einem Elch."
„Wir wissen immer noch nicht genau, mit wem wir es zu tun haben. Wenn es nicht der Große Schlinger ist, dann sicher ein Wesen, das vergleichbar mächtig ist. Jetzt solltet ihr aber erst mal die Gelegenheit nutzen, euch besser kennenzulernen. Ihr werdet in den nächsten Tagen viel Zeit miteinander verbringen. Ich reite schon einmal voraus und gebe eure Ankunft bekannt."
„Macht euch darauf gefasst, dass alle euch anstarren", warnte Rollan die anderen, nachdem Tarik sich entfernt hatte. „Das ist bei mir ständig so, seit ihr hier bin. Am Anfang habe ich gedacht, ich hab was im Gesicht."

http://www.lernwege-deutsch.de/41

1. Lies den Text genau durch. Du kannst dir den Text auch anhören.
2. Du hast im Text einiges über Conor erfahren. Außerdem hast du die beiden Mädchen kennengelernt: Meilin und Abeke.
   a) Unterstreiche die Informationen: zu Conor in grüner, zu Abeke in roter und Meilin in gelber Farbe.
   b) Schreibe Stichworte zu Conor, Abeke und Meilin auf.

*Seelentier Wolf (Briggan), ist bereits Grünmantel, freundlich, offen und voller Neugier, hat blonde Haare, Seelentier ist eines der Vier Gefallenen*

*Mädchen aus Nilo, Seelentier Uraza, ist verschollen, Seelentier ist eines der Vier Gefallenen*

*Seelentier Panda (Jhi), kommt aus Zhong, ist stolz, Lächeln ist einstudiert, Seelentier ist eines der Vier Gefallenen*

3. Wenn du auch etwas Neues über Rollan erfahren hast, dann ergänze die Informationen auf dem Notizzettel auf Seite 19. *Der Falke heißt Essix.*
4. Conor, Rollan und Abeke haben eine große Aufgabe vor sich. Erkläre in ganzen Sätzen, was du erfahren hast.
   *Die drei Jugendlichen sollen helfen, Erdas (vor dem großen Schlinger oder einem vergleichbar mächtigen Wesen) zu retten. Dazu sollen sie den Grünmänteln beitreten.*







*Abeke*

### Auf der Jagd

Geduckt und mit langsamen, gleichmäßigen Bewegungen schob Abeke sich durch das hohe Gras. Sie gab genau acht, wohin sie trat, so wie ihr Vater es sie gelehrt hatte, und machte kein Geräusch. Mit plötzlichen Bewegungen oder Lärm hätte sie ihr Opfer in die Flucht geschlagen. Und wenn die Antilope die Flucht ergriff, hatte sie keine Zeit mehr, sich an ein anderes Tier anzuschleichen.

Das Tier senkte den Kopf und knabberte am Gras. Es war noch jung, aber Abeke wusste, dass es trotzdem viel schneller rennen konnte als sie selbst. Wenn ihr die Antilope entkam, musste sie mit leeren Händen nach Hause zurückkehren.

Sie blieb stehen und legte einen Pfeil auf die Sehne ihres Bogens. Als sie den Bogen spannte, knarrte er. Die Antilope hob ruckartig den Kopf, doch da flog der Pfeil schon durch die Luft, bohrte sich in ihre Brust und traf Herz und Lunge. Das Tier taumelte und brach zusammen.

Für die Bewohner von Abekes Dorf war diese Beute wichtig. Aufgrund der Dürre gab es weniger zu essen als sonst, und da ein Ende der Trockenheit nicht abzusehen war, zählte jeder Bissen. Abeke kniete sich neben das verendete Tier. „Verzeih mir, dass ich dir das Leben genommen habe", sagte sie leise. „Aber unser Dorf braucht dein Fleisch. Ich habe mich ganz nahe herangeschlichen und auf dein Herz gezielt, damit du nicht leiden musstest. Bitte verzeih mir."

(...) Mit jedem Schritt lastete die Antilope schwerer auf Abekes Schultern. Aber sie war groß und stark für ihr Alter. Außerdem freute sie sich schon so sehr darauf, ihrem Vater die Beute zu zeigen, dass sie die sengende Sonne vergaß.

In ihrem Dorf jagten normalerweise die Männer. Frauen wagten sich selten nach draußen. Umso mehr würden alle über die Antilope staunen! Sie hätte ihren elften Namenstag nicht besser feiern können.

(...) Abeke musste lächeln. Noch nie hatte ein Kind an seinem Namenstag dem Dorf ein selbst erlegtes Tier geschenkt. Diese Gabe hatte einen richtigen Nutzen. (...) Die Zeit drängte. Ohne auf die Blicke der Nachbarn

http://www.lernwege-deutsch.de/42







zu achten, eilte Abeke zum Haus ihrer Familie. Wie die meisten Behausungen des Dorfes war es rund, hatte Mauern aus Stein und ein spitz zulaufendes Strohdach. Soama erwartete sie bereits. In ihrem orangefarbenen Gewand und dem perlenbesetzen Kopftuch sah sie wunderschön aus. Abeke war selbst sehr hübsch, aber dem Vergleich mit ihrer Schwester hielt sie nicht stand. Und sie hatte auch keine Lust, sich hübsch zu machen: Sie bevorzugte praktische Kleidung und Zöpfe, die man nach hinten binden konnte.

„Abeke!", rief Soama. „Wo warst du? Weiß Vater, dass du wieder da bist?"
„Ich war jagen", erklärte Abeke stolz. Die Antilope hing noch über ihren Schultern. „Ganz allein."
„Du bist allein nach draußen gegangen?"
„Wo sollte ich sonst eine Antilope herkriegen?"
Soama schlug die Hand vor die Augen. „Warum machst du immer so verrückte Sachen? Vater hat sich irrsinnige Sorgen gemacht, weil du verschwunden warst. Und jetzt kommst du zu spät zu deinem Bindungsritual!"
„Das schaff ich schon noch", versicherte Abeke.
„Ich beeile mich. Schließlich brauche ich mich nicht wer weiß wie herzurichten. Die anderen werden sich wohl kaum beschweren, wenn sie erst sehen, was ich mitgebracht habe."
Hinter Abeke ging die Tür auf und sie drehte sich um. Ihr Vater, ein hochgewachsener, schlanker, muskulöser Mann mit kahl rasiertem Schädel trat ein und funkelte sie zornig an. „Abeke! Chinwe hat gesagt, du seist zurückgekehrt. Ich wollte gerade einen Suchtrupp losschicken."
„Ich brauchte doch noch eine schöne Gabe zu meinem Namenstag", erklärte Abeke. „Deshalb habe ich diese Antilope erlegt."
Ihr Vater schloss schweratmend die Augen. „Abeke", sagte er mit mühsamer Beherrschung, „heute ist ein wichtiger Tag. Du kommst zu spät und bist mit Staub und Blut besudelt. Dein Verschwinden hat das ganze Dorf in Aufregung versetzt. Begreifst du denn nicht, was du angerichtet hast?"
Abeke fiel in sich zusammen, ihr Stolz löste sich auf und ihre Freude erlosch. Ihr fiel keine passende Antwort ein und Tränen traten ihr in die Augen. „Aber (...) mir ist doch nichts passiert. Du weißt, dass ich eine gute Jägerin bin. Es sollte eine Überraschung sein."
Ihr Vater schüttelte den Kopf. „Du hast selbstsüchtig und töricht gehandelt. Die Antilope ist kein angemessenes Geschenk für die Gemeinschaft. Sie zeigt doch nur, dass du nicht weißt, was sich gehört. Was sagt sie über dich? Über uns? Was lehrt sie die anderen Kinder? Du wirst als Geschenk den Krug überreichen, den du getöpfert hast."







1. Lies den Text genau durch. Du kannst dir den Text auch anhören.
2. Du hast im Text einiges über Abeke und ihre Schwester Soama erfahren.
   a) Unterstreiche Informationen über Abeke rot und Informationen über Soama gelb.
   b) Schreibe die passenden Stichworte zu den beiden Mädchen.

*– praktische Kleidung*
*– ist nicht so hübsch wie ihre Schwester*
*– jagt gerne*
*– kann mit Pfeil und Bogen umgehen*
*– hat Zöpfe*
*– ist stolz, dass sie jagen kann*
*– denkt an das Dorf (Geschenk)*
*– legt keinen Wert auf Äußeres*
*– macht gern verrückte Sachen*
*– kein Talent für das Töpfern*
*– ist unvernünftig*
*– bringt sich in Gefahr*

*– sehr hübsch*
*– macht sich gern hübsch*
*– ihr ist Kleidung / schönes Aussehen wichtig*
*– trägt ein orangefarbenes Gewand*
*– trägt ein perlenbesetztes Kopftuch*
*– ist die Schwester von Abeke*
*– ist pflichtbewusst*
*– ist vernünftig*

3. Warum ist Abeke so stolz über die erlegte Antilope? Unterstreiche im Text die passenden Stellen blau.
4. Warum findet ihr Vater das Geschenk unpassend? Unterstreiche im Text die passenden Stellen grün.
5. Wer hat deiner Meinung nach recht? Begründe deine Auswahl.
   *Ich finde, (deine Lösung)* hat recht, weil

# *Spirit Animals: Der Feind erwacht*

*Fantastische Schreibwerkstatt*

Im Kapitel „Fantastische Geschichten lesen, untersuchen und verstehen“ hast du schon einiges über das Buch erfahren. Auf dem Bild siehst du die vier Jugendlichen mit ihren Seelentieren: Conor mit seinem Wolf Briggan, Abeke mit der Leopardin Uraza, Meilin mit ihrem Panda Jhi und Rollan mit seinem Falken Essix.

1. Stelle Vermutungen an: Was kann ein Seelentier?
*(deine Lösung)*

2. Wenn du dir ein Seelentier aussuchen könntest: Welches Tier würdest du dir aussuchen? Begründe deine Auswahl.
*(deine Lösung)*

**In diesem Kapitel kannst du lernen, …**

- dich in eine Person aus einem Buch hineinzuversetzen.
- einer Person aus einem Buch Tipps zu geben.
- zu einem Buchkapitel einen Text zu schreiben.
- zu einem Impuls zu schreiben.

**Hier findest du heraus, was du schon kannst:**

1. Beschrifte das Bild mit den Namen der Personen und den Namen der Tiere.

2. Was hast du bisher über die Personen erfahren?
   a) Übertrage die Tabelle in dein Heft.
   b) Notiere Stichworte zu jeder Person in die Tabelle.

| Conor | Rollan | Meilin | Abeke |
|---|---|---|---|
| | | | |

*(deine Lösung, siehe auch Seite 16, 22, 25)*











*Einer Person aus dem Buch Tipps geben*

**Vom Umgang mit einem Seelentier**

(...) Conor beschäftigte sich viel mit Briggan. Immer wieder streichelte er ihn und sprach mit ihm. Dabei scheute er sich nicht, seinem Seelentier auch mal einen Unsinn zuzumuten und sich damit lächerlich zu machen. Er warf Stöcke, die der Wolf zurückbrachte, oder spielte mit ihm Fangen. Voller Übermut durchquerten sie Bäche und spritzten sich gegenseitig nass. Meilin stellte fest, dass sich dadurch mit der Zeit ihre Bindung festigte. Rollan und sein Falke dagegen schienen lieber etwas Abstand zu halten. Essix zog meist über den Reisenden ihre Kreise.

1. Lies den Text leise für dich durch. Du kannst dir den Text auch anhören.

2. Warum glaubt Meilin, dass die Bindung zwischen Conor und Briggan enger wird? Schreibe einen vollständigen Satz.
*Meilin glaubt, dass die Bindung zwischen Conor und Briggan enger wird, weil er sich viel mit dem Seelentier beschäftigt.*

3. Rollan hat Probleme mit seinem Falken. Conor gibt ihm Tipps. Schreibe auf.
Beispiel: *Sprich mit deinem Seelentier.*
*Beschäftige dich viel mit deinem Seelentier.*
*Mache auch einmal Spaß mit deinem Seelentier.*
*Traue deinem Seelentier auch einmal Unsinn zu.*
*Streichle dein Seelentier.*
*Zeige deinem Seelentier, dass du es magst.*

http://www.lernwege-deutsch.de/43

*Rollans Gedanken aufschreiben*

**Nektarzeremonie im Gefängnis**

(...) Die Frau sah den Wärter an. „Sperr ihn in seine Zelle. Ich komme wieder.“
„Den Vogel auch?“, fragte der Wärter.
„Natürlich. Er ist sein Seelentier.“

1. Lies dir noch einmal die Textstelle auf Seite 18 durch.

2. Als die Frau gegangen ist, sitzt Rollan mit seinem Falken in der Gefängniszelle. Ihm gehen viele Gedanken durch den Kopf.
   a) Notiere zunächst einmal seine Gefühle und Gedanken stichwortartig:
   *Beispiellösung:*
   *frustriert, schlecht gelaunt, ratlos,*
   *„Ich friere, mir ist kalt.“*
   *„Wer ist das da? Warum bin ich mit dem in einer Zelle?“*
   b) Was könnte Rollan denken? Schreibe mindestens vier Sätze in die Gedankenblase.
   *(deine Lösung, Beispiellösung in der Gedankenblase)*

*Eine Textstelle weiterschreiben*

### Auf der Westburg

Auf der Burg führte man sie in einen prächtigen Speisesaal. Dort standen schon Speisen auf dem Tisch. Conor, Rollan und Meilin nahmen Platz. „Ich bin noch ganz durcheinander", meinte Conor. „Eben war ich noch ein einfacher Hirtensohn und Diener und jetzt bin ich zu etwas Besonderem geworden."

1. Was könnte Conor erzählen? Überlege, wie es weitergehen könnte.
   a) Lies noch einmal den Text auf den Seiten 20–21 nach.
   b) Nutze die Informationen aus dem Text und fülle die Notizzettel mit Stichworten.
   c) Schreibe den Textanfang (oben) in dein Heft.
   d) Schreibe den Text in deinem Heft weiter.
   *(deine Lösung)*

Seine Gefühle ...
*Beispiellösung:*
*– Fühlt sich nicht ganz wohl auf der Westburg*
*– Hat ein bisschen Angst vor der großen Aufgabe*

Was sich für Conor verändert hat ...
*Beispiellösung:*
*– Ist kein Diener und Hirtensohn mehr*
*– Ist jetzt plötzlich wichtig / hat eine wichtige Aufgabe vor sich*
*– Hat ein Seelentier*

Die Aufgabe, die vor ihnen liegt ...
*Beispiellösung:*
*Er soll zusammen mit den anderen Jugendlichen und deren Seelentieren Erdas retten und den Großen Schlinger bezwingen.*

Conors Erwartungen / Hoffnungen ...
*Beispiellösung:*
*– Bin ich der Aufgabe gewachsen?*
*– Hoffentlich wird Abeke gefunden.*
*– Hoffentlich erfülle ich die Erwartungen der anderen.*



*Über Gefühle schreiben*

### ◎ Abeke auf dem Weg zur Nektarzeremonie

(...) Als sie aus dem Haus trat, wartete das ganze Dorf auf sie und bildete eine Gasse, durch die sie hindurchlaufen sollte. Abeke hatte sich so sehr auf diesen Augenblick gefreut, denn oft schon hatte sie selbst für andere Teilnehmer der Zeremonie Spalier gestanden. Ihr Vater wie auch die meisten anderen Männer musterten sie streng. Einige Frauen blickten tadelnd, andere mitleidig. Einige ihrer Freundinnen kicherten. Abeke schritt zwischen den Bewohnern des Dorfes hindurch und spürte bei jedem Schritt, wie sehr sie die anderen enttäuscht hatte. Am liebsten wäre sie weggerannt und hätte sich von einem Löwen auffressen lassen. Doch sie marschierte erhobenen Hauptes weiter, den missglückten Krug in der Hand. Der Wind war stärker geworden und wirbelte Staub auf. Eine Wolke verdunkelte die Sonne. Abekes Gesicht zeigte keine Regung.

1. Überlege: Hast du dich auch schon einmal so gefühlt? *(deine Lösung)*

2. Schreibe einen kurzen Tagebucheintrag über eine Situation, in der du dich ähnlich gefühlt hast. Du kannst auch eine Situation erfinden, in der du dich so fühlen würdest. Schreibe in dein Heft. *(deine Lösung)*

3. Überlege: Wie kann man dich trösten?
   a) Wie kann Abeke getröstet werden? Schreibe Stichworte auf:
   *Beispiellösung:*
   *Du hast für die Gemeinschaft gejagt, weil du weißt, dass Menschen hungern. Du hast an alle anderen gedacht. Fleisch nutzt den Menschen mehr, als ein Krieg. Du hast einen Krug getöpfert und dein Bestes gegeben.*
   b) Schreibe einen Brief an Abeke, damit sie sich besser fühlt. Schreibe in dein Heft.
   *(deine Lösung)*

◎ http://www.lernwege-deutsch.de/44











# Fabelhaftes lesen

*Fabeln untersuchen und verstehen*

1. Beschreibe das Bild.

2. Ordne den Tieren im Bild Adjektive zu, die du im Kasten siehst. Lege dazu eine Tabelle an. Du brauchst sieben Zeilen. Schreibe in dein Heft. Manche Wörter kannst du mehrfach verwenden. Du kannst auch eigene Adjektive hinzufügen.

| | |
|---|---|
| Mistkäfer | klein, ... |
| Rabe | *schlau* |
| *Fuchs* | *listig, schlau, flink, mutig* |
| *Maus* | *klein, schnell, fleißig, friedlich* |
| *Storch* | *groß* |
| *Biene* | *fleißig, klein* |
| *Frosch* | *klein* |



**In diesem Kapitel kannst du lernen, ...**

- mit Fabeln zu arbeiten, um sie besser zu verstehen.
- woran du Fabeln erkennen kannst.
- dass Fabeln gemeinsame Merkmale haben.

**Hier findest du heraus, was du schon kannst:**

### Der Mistkäfer und die Biene (nach: Sophos)

Ein Mistkäfer sah eine Biene, die eine Menge Honig produzierte. Dem Mistkäfer gefiel, was er sah, und er bat die Biene, dass er ihr Schüler werden dürfe. Sie erfüllte seinen Wunsch und der Mistkäfer durfte von ihr lernen. Als er jedoch keinen Honig bereiten konnte, stach ihn die Biene mit ihrem Stachel und tötete ihn. Kurz bevor er starb, sprach er: „Mit Recht ist mir dies zuteilgeworden! Denn ich, der ich im Mist weile, habe mich dem Honig genähert." *Dies lehrt, dass der Mensch sich niemals einem Geschäft unterziehen solle, das er nicht versteht.*

1. Lies dir die Fabel durch und kreuze die richtigen Antworten an.

Der Mistkäfer
- ☐ will der Biene Honig abkaufen.
- ☒ will von der Biene lernen.
- ☐ will selbst Honig machen können.

Die Biene tötet den Mistkäfer,
- ☐ weil er ihr den Honig weggenommen hat.
- ☐ weil er böse zu ihr ist.
- ☒ weil er keinen Honig machen kann.

Der Mistkäfer meint dazu,
- ☒ dass die Biene das Recht hat, ihn zu töten.
- ☐ dass die Biene kein Recht hat, ihn zu töten.

2. Sophos möchte, dass die Menschen aus der Fabel etwas lernen können. Schreibe die Lehre in eigenen Worten im Heft auf.
   *Beispiellösung: Sophos meint, dass man nur das machen soll, was man kann.*

*Vorstufe*

## *Tiere und ihre Eigenschaften*

In Fabeln sind die Hauptfiguren meistens Tiere. Sie haben besondere Eigenschaften.

1. Schreibe auf, wie die Tiere heißen. Schreibe ihren Namen mit dem passenden Artikel auf die Linien. Helfen kann dir die Wörterbox unten.
2. Suche im Wortgitter zehn Eigenschaften (Adjektive). Folgende Wörter sind versteckt: listig, stolz, mächtig, schnell, mutig, fleißig, schlau, flink, klein, groß.

*der Rabe*

*der Hase*

*der Frosch*

*der Hahn*

*der Löwe*

*die Maus*

*der Ochse*

*der Storch*

| | | | | | | | | | | | | | |
|---|---|---|---|---|---|---|---|---|---|---|---|---|---|
| I | I | F | E | D | D | Q | Y | B | F | R | V | L | S |
| N | L | L | P | U | L | G | P | Y | L | B | U | I | C |
| Z | I | I | R | F | I | V | K | X | E | L | S | E | H |
| T | I | N | Z | U | S | X | L | G | I | E | C | X | N |
| H | C | K | D | I | T | W | E | O | ß | T | H | X | E |
| X | H | Y | I | Q | I | R | I | E | I | J | L | Q | L |
| M | V | Y | M | C | G | F | N | Y | G | O | A | V | L |
| C | W | I | B | E | K | Y | C | J | N | D | U | R | Z |
| V | M | D | I | B | Z | G | T | H | T | R | F | U | G |
| I | U | X | F | R | S | T | O | L | Z | C | H | T | R |
| F | T | K | R | K | W | E | E | H | X | H | V | W | O |
| P | I | Z | P | A | J | G | Q | W | K | N | V | W | ß |
| U | G | B | L | M | Ä | C | H | T | I | G | X | C | W |
| T | L | K | Q | B | Z | W | L | H | H | N | S | Z | J |

*der Fuchs*

~~Rabe~~, ~~Fuchs~~, ~~Frosch~~, ~~Maus~~, ~~Storch~~, ~~Löwe~~, ~~Hahn~~, ~~Hase~~, ~~Ochse~~





*Grundstufe*

## *Ein bösartiger Frosch – Fabeln verstehen und Informationen entnehmen*

### Martin Luther: Vom Frosch und der Maus

Eine Maus wollte gerne einen Fluss überqueren, konnte dies aber nicht. Sie bat deshalb einen Frosch um Hilfe.

Der Frosch war bösartig und sprach zur Maus: „Binde deinen Fuß an meinen Fuß, so will ich schwimmen und dich hinüberziehen."

Als sie aber in das Wasser kamen, tauchte der Frosch hinunter und wollte die Maus ertränken.

Während aber die Maus sich wehrte und versuchte, sich zu retten, flog ein Greifvogel daher und schnappte die Maus. Er zog den Frosch auch mit heraus und fraß sie beide.

1. Ordne die Bilder den Abschnitten zu. Verbinde mit einem Stift.
2. Beantworte die Fragen in ganzen Sätzen in deinem Heft.
   a: Wer sind die beiden Hauptfiguren? *Frosch und Maus*
   b: Warum bittet die Maus den Frosch um Hilfe?
   *Die Maus möchte den Fluss überqueren.*
   c: Wie reagiert der Frosch auf die Bitte der Maus?
   *Der Frosch bietet der Maus an, ihr zu helfen.*
   d: Wie endet die Fabel?
   *Ein Greifvogel frisst Maus und Frosch.*
3. Martin Luther wollte, dass die Menschen beim Lesen der Fabel etwas lernen.
   Welche Lehre passt? Kreuze sie an.
   - [ ] Der Klügere gibt nach.
   - [x] Überlege, mit wem du dich einlässt.
   - [ ] Was dir heute nutzt, kann dir morgen schaden.





*Mittelstufe*

## *Ein listiger Fuchs – eine Fabel in die richtige Reihenfolge bringen*

### Gotthold Ephraim Lessing: Der Rabe und der Fuchs

1 Ein Rabe trug ein Stück vergiftetes Fleisch, das der erzürnte Gärtner für die Katzen seines Nachbarn hingeworfen hatte, in seinen Klauen fort.

3 „Für wen siehst du mich an?", fragte der Rabe. „Für wen ich dich ansehe?", erwiderte der Fuchs. „Bist du nicht der rüstige Adler, der täglich von der Rechten des Zeus* auf diese Eiche herabkommt, mich Armen zu speisen? Warum verstellst du dich? Sehe ich denn nicht in der siegreichen Klaue die erflehte Gabe, die mir dein Gott durch dich zu schicken noch fortfährt?"

2 Und eben wollte er es auf einer alten Eiche verzehren, als sich ein Fuchs herbeischlich und ihm zurief: „Sei mir gesegnet, Vogel des Jupiter*!"

5 Der Fuchs fing das Fleisch lachend auf und fraß es mit boshafter Freude. Doch bald verkehrte sich die Freude in ein schmerzhaftes Gefühl: Das Gift fing an zu wirken, und er verreckte.

4 Der Rabe erstaunte und freute sich innig, für einen Adler gehalten zu werden. „Ich muss", dachte er, „den Fuchs aus diesem Irrtum nicht bringen." – Großmütig dumm ließ er ihm also seinen Raub herabfallen und flog stolz davon.

1. Die Fabel ist durcheinandergeraten. Suche für jedes Textfeld das passende Bild. Verbinde mit einem Bleistift.
2. Überlege dir eine sinnvolle Reihenfolge für die Textfelder. Die Bilder helfen dir dabei. Nummeriere sie.
3. Wie könnte die Lehre zur Fabel lauten? Schreibe in eigenen Worten auf:
   *Wenn man jemandem zu sehr schmeichelt, kann dies schiefgehen.*



* Zeus, Jupiter: Götter der Griechen/Römer



*Erweiterungsstufe*

## *Zwei ungewöhnliche Einladungen zum Essen: der Fuchs und der Storch*

### Äsop: Der Fuchs und der Storch

*Ein Gastmahl beim listigen Fuchs (Beispiellösung)*
Ein Fuchs hatte einen Storch zu Gast, und setzte ihm die köstlichsten Dinge vor. Die Speisen lagen aber nur auf ganz flachen Schüsseln, aus denen der Storch mit seinem langen Schnabel nichts fressen konnte. Gierig fraß der Fuchs alles alleine, obgleich er den Storch unaufhörlich bat, er solle es sich schmecken lassen.

*Einladung zum Gegenbesuch (Beispiellösung)*
Der Storch fand sich betrogen, blieb aber heiter. Er lobte die Bewirtung über alle Maßen und bat seinen Freund, am anderen Tag mit ihm zu essen. Der Fuchs mochte wohl ahnen, dass der Storch sich rächen wollte, und wies die Einladung ab. Der Storch aber ließ nicht nach, bis der Fuchs dann endlich einwilligte.

*Der Gegenbesuch beim schlauen Storch (Beispiellösung)*
Als er nun am anderen Tag zum Storch kam, fand er alle möglichen Leckerbissen aufgetischt. Sie waren aber in langhalsigen Geschirren abgefüllt.
„Folge meinem Beispiel", rief ihm der Storch zu, „und fühle dich so, als wenn du zu Hause wärest." Der Storch schlürfte nun mit seinem Schnabel alles alleine auf, während der Fuchs zu seinem größten Ärger nur etwas riechen und vom Geschirr außen etwas ablecken konnte.

*Die Erkenntnis (Beispiellösung)*
Hungrig stand er vom Tisch auf und gestand, dass der Storch ihm eine ordentliche Lektion für seinen Hochmut beigebracht habe.

1. Finde zu jedem Textabschnitt eine passende Überschrift.
2. Der Fuchs lernt am Ende vom Storch. Erkläre, warum. Schreibe in dein Heft.
   *Der Fuchs lernt, dass er nicht nett gewesen ist. Er hätte teilen müssen.*
3. Der Fuchs erzählt einem Freund von seiner Essenseinladung beim Storch. Was wird der Fuchs erzählen? Schreibe in dein Heft.
   *(deine Lösung)*

# Fabelhaftes schreiben

*Eine Fabel verfassen*

1. Lukas soll in der Schule eine Fabel erzählen. Hilf ihm. Wähle eine Fabel aus, die dir besonders gefällt. Notiere dir Stichworte.
Wenn du dich nicht mehr an eine Fabel erinnern kannst, schaue im Kapitel „Fabelhaftes Lesen", S. 32–37 nach.

Aufbau einer Fabel:
Ausgangslage (Wer? Wo?):
*(deine Lösung)*
Streit (Was passiert?):
*(deine Lösung)*
Lösung / Ende der Fabel:
*(deine Lösung)*
Lehre (Was kann der Leser lernen?):
*(deine Lösung)*



**In diesem Kapitel kannst du lernen, ...**

- den Tieren einer Fabel Eigenschaften zuzuordnen.
- eine Fabel nach Bildern zu schreiben.
- eine Fabel weiterzuschreiben.
- eine Fabel aus einer anderen Perspektive zu erzählen.

**Hier findest du heraus, was du schon kannst:**

1. Fabelquiz: Kreuze an, was stimmt. Achtung: Es ist immer nur eine Antwort richtig.

Wie könnte der Anfang einer Fabel lauten?
- [x] Eine Schildkröte bat einen Adler, ihr Unterricht im Fliegen zu geben.
- [ ] Es ist schon lange her, da hatten die Ulmer einen sehr langen Balken in die Stadt bringen müssen.
- [ ] Es war einmal ein Schloss mitten in einem Wald.

Wer sind die typischen Hauptfiguren in einer Fabel?
- [ ] Typische Fabelfiguren sind Menschen, z. B. Könige, Prinzessinnen, Ritter und Hexen.
- [x] Typische Fabelfiguren sind Tiere, z. B. Löwe, Maus, Rabe.

Wie verläuft eine typische Fabelhandlung?
- [x] Meistens geraten zwei Tiere in einen Streit. Dieser wird so gelöst, dass man daraus etwas lernen kann.
- [ ] Ein Held muss eine Aufgabe erfüllen, die er löst. Dafür wird er belohnt.
- [ ] Mehrere Personen fahren in ein unbekanntes Land und erleben Abenteuer.

Welches Ende passt zu einer Fabel?
- [ ] ... und wenn sie nicht gestorben sind, dann leben sie noch heute.
- [x] Was dir heute nutzt, kann dir morgen schaden.
- [ ] Sie wachte auf und merkte, dass sie das alles nur geträumt hatte.

Warum wurden Fabeln geschrieben?
- [x] Die Autoren erzählten von Tieren statt von Menschen. Sie wollten, dass die Menschen etwas lernen.
- [ ] Die Autoren erzählten von wahren Begebenheiten.







*Sätze zu einer Fabel schreiben: Vom Fuchs und dem Hahn*

1. Der Fuchs und der Hahn sind typische Fabeltiere. Im Kasten siehst du jeweils drei Wörter. Streiche in jedem Kasten ein Wort, das nicht zum Tier passt.
Wenn du ein Wort nicht kennst, schaue im Wörterbuch oder Internet nach.
*Fuchs: dumm* *Hahn: stark*
2. Du siehst oben eine typische Szene aus der Fabel „Der Fuchs und der Hahn".
Was könnten die Tiere sagen? Fülle die Sprechblasen.
3. a) Schreibe Sätze zum Bild.
Nutze dazu die Wörter. Schreibe am Satzanfang groß und ergänze fehlende Wörter. Schreibe in dein Heft.

Hahn – saß – Gartenzaun – krähte – morgens
Fuchs – blickte – Hahn – hungrig – hinauf *Der Fuchs blickte hungrig zum Hahn hinauf.*
grüßte – Fuchs – freundlich *Der Fuchs grüßte freundlich.*
Hahn – erschrak – Feind – sah *Der Hahn sah den Feind und erschrak.*
Fuchs – bot an – schließen – Frieden – zu *Der Fuchs bot an, Frieden zu schließen.*
Fuchs – immer – hungrig – noch – war *Der Fuchs war immer noch hungrig.*
Hahn – überlegte – sprach: „Ja, lass uns Frieden schließen!"
*Der Hahn überlegte und sprach: „Ja, lass uns Frieden schließen!"*
Beispiel: *Ein Hahn saß morgens auf einem Gartenzaun und krähte.*

b) Wie könnte die Fabel enden? Überlege dir 2 bis 3 Sätze und schreibe sie in dein Heft.
*(deine Lösung)*



*Eine Fabel zu Bildern schreiben*

*(deine Lösung)* *(deine Lösung)* *(deine Lösung)* *(deine Lösung)*

1. Schreibe unter jedes Bild einen kurzen Satz.
2. Ordne dem Frosch und dem Ochsen folgende Eigenschaften zu:
stolz, klein, groß, unbeeindruckt, eingebildet, hochmütig, stur.
Frosch: *klein, eingebildet, stur, hochmütig*
Ochse: *groß, unbeeindruckt, stolz*
3. Welche Lehre passt? Kreuze sie an.
- [x] Man soll zufrieden sein, wie man ist.
- [ ] Wir bewundern oft Eigenschaften an uns, die der Weg zu unserem Unglück sind.
- [ ] Bist du klug, so glaube nie eigennützigen Ratschlägen.
4. Fülle den Notizzettel aus.

**Der Frosch und der Ochse**
Ausgangslage (Wer? Wo?): *Ein Frosch sah einen Ochsen, der über eine Wiese ging.*
Streit (Was passiert?): *Frosch will so groß sein wie Ochse*
Lösung / Ende der Fabel: *Frosch platzt und stirbt*
Lehre (Was kann der Leser lernen?): *Man soll mit sich selbst zufrieden sein.*

5. Schreibe die Fabel in dein Heft.
*(deine Lösung)*

*Eine Fabel zu Ende schreiben*

### Der Hase und der Fuchs

Ein Hase hatte großen Durst. Er stieg in einen Brunnen, um seinen Durst zu stillen. Er trank von dem kühlen Wasser und wollte sich wieder auf den Weg machen. Doch er konnte nicht wieder die Brunnenwand hinaufsteigen. Da fand ihn ein Fuchs, der gerade vorbeikam …

1. Lies den Anfang der Fabel. Überlege: Wie könnte die Fabel weitergehen?
   a) Was könnten Hase und Fuchs sagen? Fülle die Sprechblasen.
   b) Notiere dir Stichworte:

| | |
|---|---|
| Ausgangslage (Wo, Wer?): | *Wo? Brunnen*<br>*Wer? Hase und Fuchs*<br>*Hase hatte großen Durst*<br>*Hase steigt in den Brunnen. Fuchs findet ihn.* |
| Streit (Was passiert?): | *(deine Lösung)* |
| Lösung / Ende der Fabel: | *(deine Lösung)* |
| Lehre: | *(deine Lösung)* |

   c) Schreibe die Fortsetzung in dein Heft.
   *(deine Lösung)*



*Eine Fabel aus einer anderen Perspektive erzählen*

### Martin Luther: Von der Stadtmaus und der Feldmaus

Eine Stadtmaus ging spazieren und kam zu einer Feldmaus. Die Feldmaus war gerade beschäftigt, Nüsse und Eicheln zu sammeln.
Die Stadtmaus sprach: „Was willst du hier in Armut leben! Komm mit mir!“
Die Feldmaus zog mit ihr in die Stadt in ein schönes Haus. Die Stadtmaus zeigte ihr die Kammern, die voll waren von Fleisch, Speck, Würsten, Brot, Käse. Da sprach die Stadtmaus: „Nun iss und sei guter Dinge. Solcher Speise habe ich täglich im Überfluss.“
Da kam der Kellner und rumpelte mit den Schlüsseln an der Tür. Die Mäuse erschraken und liefen davon. Die Stadtmaus fand bald ihr Loch, aber die Feldmaus wusste nirgends hin, lief die Wand auf und ab und gab schon ihr Leben verloren.
Da der Kellner wieder hinaus war, sprach die Stadtmaus: „Es hat nun keine Not, lass uns guter Dinge sein.“ Die Feldmaus antwortete: „Du hast gut reden, du wusstest dein Loch fein zu treffen, derweil bin ich schier vor Angst gestorben. Ich will dir sagen, was meine Meinung ist: Bleib du eine Stadtmaus und friss Würste und Speck, ich will ein armes Feldmäuslein bleiben und meine Eicheln essen. Du bist keinen Augenblick sicher vor dem Kellner, vor den Katzen, vor so vielen Mäusefallen, und das ganze Haus ist dir feind. Von alldem bin ich frei und bin sicher in meinem armen Feldlöchlein.“
Wer reich ist, hat viel Sorge.

1. Die Feldmaus ist zurück auf dem Land. Sie erzählt einem Mäusefreund von ihrer Zeit mit der Stadtmaus.
   Beginne so: Vor ein paar Tagen traf ich die Stadtmaus …
   a) Fülle die Wörtersonne. Schreibe Stichworte auf.
   *(Beispiellösung)*

   b) Schreibe den Text in dein Heft. Schreibe in Ich-Form.
   *(deine Lösung)*

http://www.lernwege-deutsch.de/45








# Sagenhaftes lesen

*Sagen untersuchen und verstehen*

### Sage

Eine Sage (althochdeutsch: saga = Gesagtes) ist eine Erzählung aus der Vergangenheit. Sie wurde über Jahrhunderte von Menschen mündlich weitergegeben. Eine Sage berichtet häufig von rätselhaften Personen, geheimnisvollen Orten und unerklärlichen Ereignissen, die es wirklich gegeben hat. Manches davon ist bis heute noch sichtbar und bekannt. Vieles in einer Sage ist aber auch erfunden. Sagen gibt es von verschiedenen Völkern.

1. Lies den Text und beantworte dann die Fragen.
   a) Wovon berichten Sagen häufig?
   *Sagen berichten häufig von rätselhaften Personen, geheimnisvollen Orten und unerklärlichen Ereignissen.*
   b) Wie lässt sich erklären, dass in Sagen vieles nur erfunden ist?
   *Sagen wurden über Jahrhunderte von Menschen nur mündlich weitererzählt. Durch die Fantasie wurden manche Ereignisse verändert.*
2. Suche in einer Bibliothek nach Büchern, die Sagen enthalten, oder suche nach Sagen im Internet. Wähle eine Sage aus und lies sie.

   a) Ich habe folgende Sage ausgesucht: *(deine Lösung)*
   b) Das könnte an der Sage erfunden sein: *(deine Lösung)*

**In diesem Kapitel kannst du lernen, …**

- wie man sich den Inhalt einer Sage erschließt.
- an welchen Merkmalen man Sagen erkennt.
- wie man die wahren Elemente einer Sage erforschen kann.

**Hier findest du heraus, was du schon kannst:**

1. Kreuze jeweils die richtige Antwort an.

Wie könnte der Anfang einer typischen Sage lauten?
- [ ] Es war einmal ein armer Müllersohn, der lebte in einem fernen Land.
- [x] Im Jahre 974 herrschte eine große Hungersnot in Deutschland.
- [ ] Eines Tages werde ich dem Geheimnis auf die Spur kommen.

Wer kommt in einer typischen Sage häufig vor?
- [x] In einer Sage kommen Personen vor, die wirklich gelebt haben.
- [ ] In einer Sage kommen nur Tiere vor.
- [ ] In einer Sage kommen nur erfundene Personen vor.

Was geschieht in einer typischen Sage?
- [x] Es geschehen unerklärliche Dinge.
- [ ] Es passieren ausschließlich logische Ereignisse.
- [ ] Es wird nur berichtet, was wirklich passierte.

Wie könnte eine typische Sage enden?
- [ ] Und wenn sie nicht gestorben sind, dann leben sie noch heute.
- [ ] Damit ist klar, dass es auch bei Mäusen Dankbarkeit gibt.
- [x] Seit dieser Zeit nennt man den Turm nur noch „Mäuseturm“.

Die wahren Elemente einer Sage …
- [ ] erkennt man anhand der unterstrichenen Schlüsselwörter.
- [x] lassen sich mithilfe geschichtlicher Informationen erforschen.
- [ ] kann man eigentlich gar nicht erforschen.

*Wortschatz: Das kommt in der Sage vor*

1. Sortiere die Wörter und bilde Sätze. Schreibe am Satzanfang groß.

die – Stadt – Hameln – heißt
*Die Stadt heißt Hameln.*

viele – Ratten – es – gibt – dort
*Dort gibt es viele Ratten.*

die – fressen – die – Vorräte – Tiere
*Die Tiere fressen die Vorräte.*

Menschen – wütend – sind – die
*Die Menschen sind wütend.*

helfen – mit – einer – Mann – ein – Flöte – kann
*Ein Mann mit einer Flöte kann helfen.*

Ratten – alle – Mann – folgen – dem – den – Fluss – in
*Alle Ratten folgen dem Mann in den Fluss.*

2. a) Lies den Text deinem Partner vor.
Der Text steht im Präsens (Gegenwart). Ersetze das Präsens durch Präteritum (Vergangenheit). Schreibe über die unterstrichenen Verben.

**Ratten und Mäuse**

In der Stadt Hameln ~~gibt~~ *gab* es viele Ratten und Mäuse.
Die Tiere ~~fressen~~ *fraßen* die Vorräte.
Die Menschen ~~sind~~ *waren* sehr wütend.
Da ~~kommt~~ *kam* ein Mann mit einer Flöte.
Er ~~will~~ *wollte* den Menschen helfen.
Der Mann und die Menschen ~~schließen~~ *schlossen* einen Vertrag.
Dann ~~spielt~~ *spielte* der Mann auf seiner Flöte.
Alle Ratten ~~laufen~~ *liefen* ihm hinterher.
Sie ~~gehen~~ *gingen* in den Fluss und ~~ertrinken~~ *ertranken*.

| | | | | |
|---|---|---|---|---|
| ~~gingen~~ | ~~gab~~ | ~~wollte~~ | ~~ertranken~~ | ~~liefen~~ |
| ~~fraßen~~ | ~~waren~~ | ~~schlossen~~ | ~~spielte~~ | ~~kam~~ |

b) Schreibe den Text im Präteritum ab.
*In der Stadt Hameln gab es viele Ratten und Mäuse.*
*Die Tiere fraßen die Vorräte. Die Menschen waren sehr wütend.*
*Da kam ein Mann mit einer Flöte. Er wollte den Menschen helfen.*
*Der Mann und die Menschen schlossen einen Vertrag.*
*Dann spielte der Mann auf seiner Flöte. Alle Ratten liefen ihm hinterher.*
*Sie gingen in den Fluss und ertranken.*

c) Stelle Fragen zum Text. Schreibe in dein Heft.
*Beispiel: Wo gab es viele Ratten und Mäuse?*
*(deine Lösung)*

Wo ...? Wer ...? Was ...?

  



*Eine Sage untersuchen und verstehen 1*

**Der Rattenfänger von Hameln (Teil 1)**

Im Jahr 1284 herrschte in der Stadt Hameln eine fürchterliche Ratten- und Mäuseplage. Alles, was den Tieren in die Quere kam, wurde angenagt und aufgefressen.
Da waren Hamelns Bürger und allen voran der Bürgermeister sehr froh, als eines Tages ein Mann in die Stadt kam, der versprach, Hameln von dieser Plage zu befreien.
Der Mann trug den Namen Bundting, weil er so bunte Kleidung trug, die jedermann sogleich ins Auge stach.
Natürlich wollte der Mann seinen Dienst nicht umsonst verrichten, aber schnell war man sich über einen Geldbetrag einig. Den sollte Bundting erhalten, wenn alle Mäuse und Ratten aus der Stadt entfernt sein würden.
Und so geschah es auch. Kaum war der Vertrag zwischen dem Bürgermeister und dem Rattenfänger, so nannte sich der Mann, geschlossen, da nahm er aus seiner Jackentasche eine kleine Flöte und spielte darauf eine wunderschöne Melodie.
Kaum aber hatte er den ersten Ton angeschlagen, da kamen schon aus allen Ecken und Winkeln die Ratten und Mäuse gelaufen und schlossen sich dem Rattenfänger an.
Als er nun meinte, alle Tiere eingesammelt zu haben, da zog er mit ihnen aus dem Stadttor hinaus, ging an die Ufer der Weser, die durch Hameln fließt, und zog sich seine bunten Kleider aus. Dann stieg er hinab in den Fluss – und alle Ratten und Mäuse folgten ihm und ertranken in den Fluten.

1. Lies zunächst nur die Überschrift und die unterstrichenen Satzanfänge der einzelnen Abschnitte. Du kannst dir den Text auch anhören.
a) Um was geht es in diesem Text? Schreibe mindestens drei Sätze.
*Beispiel: Ich vermute, dass es im Text um eine Ratten- und Mäuseplage in der Stadt Hameln geht. Ein Rattenfänger kommt in die Stadt. Er sammelt die Tiere ein und führt sie aus der Stadt.*

http://www.lernwege-deutsch.de/46

b) Vervollständige die Fragen zu dem Text.

Der Rattenfänger von Hameln
- Wann geschah ... *das Ereignis?*
- Wo geschah ... *die Geschichte?*
- Wer war ... *der Rattenfänger)*
- Warum folgten ... *die Ratten dem Rattenfänger?*
- Was passierte ... *in der Geschichte?*

2. Lies den ganzen Text langsam und konzentriert durch.

3. Beantworte die Fragen aus Aufgabe 1 b) in ganzen Sätzen.
Wann ...? *Das Ereignis geschah im Jahr 1284.*
Wo ...? *Die Geschichte ereignete sich in Hameln.*
Wer ...? *Der Rattenfänger hieß Bundting.*
Was ...? *Der Rattenfänger lockte die Ratten und Mäuse in den Fluss.*
Warum ...? *Weil er eine schöne Melodie auf der Flöte spielte.*

4. Male den „Bundting" auf Seite 48 so aus, wie du ihn dir vorstellst.

*Eine Sage untersuchen und verstehen 2*

### Der Rattenfänger von Hameln (Teil 2)

Nun kehrte der Rattenfänger zurück in die Stadt, um seinen Lohn abzuholen. Doch den wollte man dem Bundting plötzlich nicht mehr zahlen und so musste er unverrichteter Dinge abziehen.

Einige Wochen später aber kehrte der Rattenfänger zurück nach Hameln. Dieses Mal kam er im Gewand eines Jägers daher, sodass ihn die Menschen nicht sofort erkannten. Wieder zog er seine kleine Flöte aus der Jackentasche und spielte jene wunderschöne Melodie, mit der er schon die Nagetiere aus Hameln gelockt hatte. Aber was war das! Dem Jäger mit seiner Flöte folgten dieses Mal nicht Ratten und Mäuse, sondern Mädchen und Jungen.

In Scharen liefen alle Kinder mit, die älter als vier Jahre waren. Der Rattenfänger führte sie aus der Stadt hinaus, hin zu einem Berg, der Poppenberg genannt wird, wo er mit ihnen für immer verschwand, noch ehe jemand etwas davon bemerkt hatte. Nur zwei Kinder, die sich etwas verspätet hatten, konnten dem Rattenfänger entkommen. Doch das eine Kind blieb nach dem Vorfall blind, so dass es den Weg nicht mehr zeigen konnte, und das andere wurde taubstumm, so dass es nichts mehr von den Geschehnissen berichten konnte.

Nur ein Kindermädchen hatte den Auszug der Mädchen und Jungen aus der Stadt beobachtet und später allen davon berichten können. Mütter und Väter, Großeltern, Tanten und Onkel trauerten sehr um ihre verlorenen Kinder. Lange Zeit hieß in Hameln jene Straße, durch die die Kinder mit dem Rattenfänger gezogen waren, „bungelose" Straße (stille, tonlose, trommellose Straße). Und selbst, wenn eine junge Braut an ihrem Hochzeitstage durch diese Straße zog, durfte dort niemals Musik gespielt werden.

http://www.lernwege-deutsch.de/47

1. Lies den Text „Der Rattenfänger von Hameln (Teil 1)" auf Seite 48 und die Fortsetzung auf Seite 50 durch. Du kannst dir den Text auch anhören.

2. Lies die Fortsetzung ein zweites Mal durch.
   a) Unterstreiche wenige Schlüsselwörter, die dir wichtig erscheinen.
   b) Schreibe mithilfe der Schlüsselwörter in dein Heft, was in der Fortsetzung passierte.
   *(deine Lösung)*

3. Wie ist deine eigene Meinung zum Verhalten der Bürger und des Rattenfängers? Schreibe mindestens fünf Sätze.
   *(deine Lösung)*

4. Prüfe, ob es sich beim „Rattenfänger von Hameln" um eine Sage handelt.

| Der Text enthält ... | |
|---|---|
| ... genaue Ortsangaben. | *Hameln* |
| ... genaue Zeitangaben. | *Jahr 1284* |
| ... rätselhafte Personen. | *der Rattenfänger* |
| ... unerklärliche Ereignisse. | *Flötenmelodie verzaubert Ratten und Kinder* |
| ... heute noch sichtbare Erinnerungen. | *„bungelose" Straße in Hameln* |

Info:
Sagen sind mündlich weitergegebene Erzählungen. Sie enthalten oft typische Merkmale: genaue Orts- und Zeitangaben, rätselhafte Personen oder Wesen, unerklärliche Ereignisse mit einem wahren Kern und Dinge, die heute noch daran erinnern.









*Eine Sage untersuchen und verstehen 3*

### Mit dem geschichtlichen Hintergrund die Wahrheit erforschen

Seit Mitte des 11. Jahrhunderts wurden in vielen Städten und Dörfern neue Siedler für Gebiete im Osten Europas gesucht. Es zogen auffällig bunt gekleidete Lokatoren umher, die sich mithilfe von Trommeln oder Pfeifen an öffentlichen Plätzen lautstark bemerkbar machten. Sie machten Werbung für eine neue Heimat und versprachen den Siedlern gute Arbeitsbedingungen und große Landflächen, die sie als freie Bauern, ohne Fronarbeit für einen Landesherren bewirtschaften konnten. Die attraktiven Versprechungen lockten vor allem junge Paare mit kleinen Kindern nach Mähren, Ostpreußen oder Siebenbürgen. Alle diese Landstriche lagen so weit von der Heimat entfernt, dass die Eltern der jungen Paare nach der Auswanderung nie wieder etwas von ihnen gehört oder gesehen haben. Moderne Kommunikationsmittel gab es zu jener Zeit schließlich genauso wenig wie schnelle Verkehrsmittel. Kein Wunder also, dass viele Bewohner von Städten und Dörfern nicht wollten, dass ihre jungen Nachkommen die Heimat verließen.

1. Lies den Text einmal durch.
   a) Unterstreiche Wörter, die dir unklar sind, mit Bleistift.
   b) Schlage die unklaren Wörter in einem digitalen Wörterbuch nach und notiere dir die Erklärung.
   *Beispiel:*
   *Lokatoren: von ihrem Landesherrn beauftragte Landverteiler im Mittelalter*
   *Fronarbeit: Zwangsarbeit*
   *attraktiv: anziehend, verlockend*
   *moderne Kommunikation: Telefon, Smartphone, Internet*

2. Lies den Text ein zweites Mal durch.
   a) Was könnte damals wirklich passiert sein, das zur Entstehung der Sage vom Rattenfänger führte?
   *Beispiel: Bunt gekleidete Lokatoren kamen mit ihren Pfeifen in die Städte und Dörfer. Sie machten jungen Paaren mit Kindern verlockende Angebote, damit sie in den Osten Europas ziehen. Die älteren Leute wollten das verhindern und versuchten, die jungen Paare mit der Rattenfängergeschichte abzuschrecken.*
   b) Übersetze die Inschrift des alten Hamelner Rathauses in eine moderne Sprache.

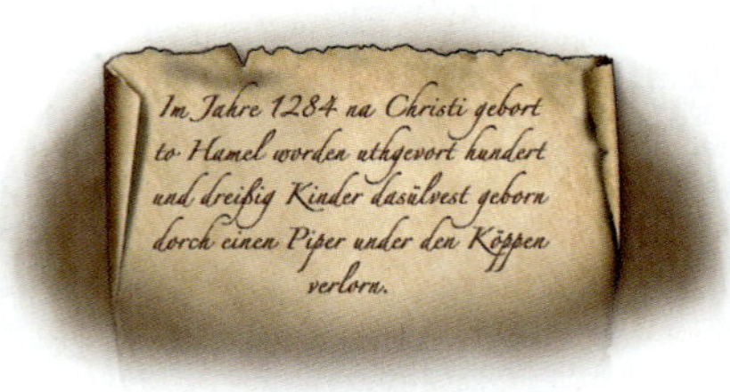


*Im Jahr 1284 wurden in Hameln einhundertdreißig Kinder, die dort geboren (waren), durch einen Mann mit Pfeife weggeführt und waren verloren.*

3. Suche im Internet nach weiteren möglichen Erklärungen für die Entstehung der Sage vom Rattenfänger.
   a) Diskutiere die möglichen Erklärungen mit einem Partner.
   b) Welche Erklärung überzeugt dich am meisten? Begründe deine Meinung schriftlich in deinem Heft.

Das ist mir aufgefallen:

| Die wahren Elemente einer Sage lassen sich ... | richtig | falsch |
|---|---|---|
| ... eigentlich gar nicht erforschen. | ☐ | ☒ |
| ... mithilfe von geschichtlichen Informationen erforschen. | ☒ | ☐ |

# Sagenhaftes schreiben

*Personen beschreiben*

**Eine griechische Hochzeit**

Vor etwa 3000 Jahren fand eine Hochzeit statt. Dazu waren auch die griechischen Götter eingeladen. Nur Eris, die Göttin der Zwietracht, war nicht eingeladen. Sie kam trotzdem zu dem Fest. Aus Rache warf Eris einen goldenen Apfel mit der Aufschrift „Für die schönste Göttin" auf den Boden. Sofort begann ein Streit darüber, wer die Schönste sein sollte: Hera, die Frau des Göttervaters Zeus, Athene, die Göttin der Weisheit, oder Aphrodite, Göttin der Liebe. Göttervater Zeus wollte den Streit beenden. Er bat Paris, den Sohn des Königs von Troja, darum, die Schönste auszuwählen. Die listige Aphrodite versprach Paris die schönste Frau der Welt, wenn er sie zur schönsten Göttin wählen würde. Auf diese Weise erhielt sie den goldenen Apfel.
Helena, die schönste Frau der Welt, war bereits mit Menelaos, dem König von Sparta, verheiratet. Paris entführte die schöne Helena und brachte sie nach Troja. Odysseus und andere tapfere Kämpfer wollten Helena wieder befreien. So kam es zum Trojanischen Krieg.

1. Betrachte das Bild genau und beschreibe in deinem Heft, was du siehst.
   *(deine Lösung)*
2. Lies den Text. Du kannst dir den Text auch anhören.
   a) Welche Personen sind auf dem Bild dargestellt?
   *Dargestellt sind die Göttinen Hera, Athene, Aphrodite sowie Paris, Sohn des Königs von Troja.*
   b) Schreibe auf, welche Personen im Text außerdem benannt werden.
   *Im Text sind noch Eris, Zeus, Menelaos, Helena und Odysseus genannt.*

http://www.lernwege-deutsch.de/48

**In diesem Kapitel kannst du lernen, ...**

- die griechische Sagenwelt besser zu verstehen.
- wie man eine Person aus einer Sage näher beschreibt.

**Hier findest du heraus, was du schon kannst:**

1. Kreuze jeweils die richtige Antwort an.

Ein bekannter Held der griechischen Sagenwelt heißt ...
- [ ] Julius Cäsar
- [ ] Hannibal
- [x] Odysseus

Was sollte in einer Personenbeschreibung vorkommen?
- [ ] Die guten und schlechten Taten einer Person werden beschrieben.
- [x] Das Aussehen einer Person wird beschrieben.
- [ ] Es wird beschrieben, was eine Person erlebt hat.

Wie könnte eine Personenbeschreibung beginnen?
- [ ] Der Kopf der Göttin ist schmal.
- [x] Aphrodite ist die Göttin der Liebe.
- [ ] Aphrodite ist eine hinterlistige Person.

Wie beschreibt man das Aussehen einer Person?
- [ ] Es wird nur der Kopf genau beschrieben.
- [ ] Es werden der Kopf und die Kleidung beschrieben.
- [x] Es wird von Kopf bis Fuß beschrieben.

Welcher Gegenstand ist im Text auf der linken Seite genau beschrieben?
- [x] ... ein goldener, runder Apfel.
- [ ] ... ein gemeiner Zankapfel.
- [ ] ... ein goldenes, rundes Ding.





## Sagenheld Odysseus – den Kopf beschreiben

Odysseus war ein griechischer Krieger. Er wollte Helena befreien.
So könnte Odysseus ausgesehen haben:

1. a) Betrachte das Bild.
   Beschreibe den Kopf von Odysseus. Verwende folgende Adjektive:
   *schmal, klein, breit, kurz, braun, schwarz*

Das Gesicht ist *schmal.*
Die Augen sind *braun.*
Die Nase *ist breit.*
Die Ohren *sind klein.*
Die Haare *sind kurz und schwarz.*

b) Die Endung von Adjektiven kann sich im Satz verändern. Schreibe richtig auf.
*Odysseus hat ein schmales Gesicht.*
Odysseus hat *braune Augen.*
Er hat eine *breite* Nase.
Der Krieger hat *kleine Ohren.*
Er hat *kurze und schwarze Haare.*

c) Finde das Gegenteil.

| | | | |
|---|---|---|---|
| schmal – | *breit* | dünn – | *dick* |
| kurz – | *lang* | eckig – | *rund* |
| klein – | *groß* | hell – | *dunkel* |

## Sagenheld Odysseus – den Körper beschreiben

Odysseus

- Körperbau
  - *kräftig*
  - *groß*
  - *muskulöse Arme*
- Kleidung
  - Oberkörper
    - *Rüstung, Unterkleid*
    - *Umhang*
    - *Gürtel*
    - *Armschellen*
  - Unterkörper
    - *Rock*
    - *Beinschoner*
    - *Sandalen*
- Besonderheiten
  - *Schwert, Helm*
  - *Unterkleid*

1. Betrachte das Bild genau.
   a) Sammle mithilfe einer Mindmap Wörter, die den Körper von Odysseus beschreiben. Schreibe sie hinein.
   b) Beschreibe auch Farbe und Material der Kleidungsstücke. Du kannst solche Wörter verwenden:
   *braun, grau, silber, aus Stoff, aus Metall, aus Leder, ...*
   Oberkörper: *graue Rüstung aus Metall,*
   *braune Armschellen, rotes Unterkleid*
   Unterkörper:
   *Rock aus Stoff, brauner Ledergürtel, silberne Beinschoner aus Metall,*
   *braune Sandalen aus Leder, rotes Unterkleid*

*Mittelstufe*

*Das Verhalten einer Person beschreiben*

### Das Trojanische Pferd

Das griechische Heer des tapferen Odysseus kämpfte bereits zehn Jahre gegen Troja, ohne die Stadt erobern zu können. Viele Opfer waren bereits zu beklagen, die Kämpfer waren des Kämpfens müde. Auch der stolze Odysseus wurde ungeduldig. Doch er wollte unbedingt siegreich in die Heimat zurückkehren. Und so schmiedete der ideenreiche Held einen schlauen Plan. Bald begannen seine Leute damit, ein riesiges hölzernes Pferd auf Rädern zu bauen. Im Innern des Holzpferdes befand sich ein Hohlraum, der Platz für 30 Kämpfer bot.

Die Griechen stellten das Pferd vor die Tore Trojas und fuhren mit ihren Schiffen zum Schein ab. Viele Trojaner glaubten deshalb der Nachricht, die kriegsmüden Griechen hätten die Belagerung nun endlich aufgegeben und hätten ihnen das Pferd als Geschenk der Anerkennung und Versöhnung überlassen. Sie holten das Pferd in ihre Stadt und feierten ein großes Fest.

In der folgenden Nacht kletterten die Kämpfer um den listigen Odysseus aus dem Pferd und öffneten heimlich die Tore Trojas. Die griechischen Schiffe waren inzwischen zurückgekehrt und alle Krieger gelangten nun mühelos in die ungeschützte Stadt, die schnell erobert wurde.

1. Lies den Text aufmerksam durch. Du kannst dir den Text auch anhören.
2. Lies den Text noch einmal. Finde für jeden Abschnitt eine passende Überschrift.
   Abschnitt 1: *Ein listiger Plan* *(Beispiellösung)*
   Abschnitt 2: *Ein Pferd als Geschenk* *(Beispiellösung)*
   Abschnitt 3: *Die Eroberung in der Nacht* *(Beispiellösung)*
3. Wie sah der schlaue Plan von Odysseus aus?
   a) Unterstreiche im Text mit blauer Farbe, was seine Kämpfer machten.
   b) Unterstreiche mit grüner Farbe, was die Bewohner von Troja machten.
   c) Fasse den Plan von Odysseus zusammen. Schreibe ins Heft.
   *(deine Lösung)*

http://www.lernwege-deutsch.de/49





*Erweiterungsstufe*

*Eine Personenbeschreibung verfassen*

### Über Odysseus wird geforscht

Der griechische Sagenheld Odysseus soll vor etwa 3000 Jahren gelebt haben. Viele Forscher versuchen heute zu beschreiben, wer Odysseus wirklich war, welche Charaktereigenschaften er hatte und wie er wohl ausgesehen hat.

1. Schreibe mithilfe der Informationen dieses Kapitels eine ausführliche Personenbeschreibung von Odysseus. Gehe so vor:
   a) Erkläre zuerst, um welche Person es sich handelt.
   *Odysseus war ein griechischer Sagenheld. Er soll vor etwa 3000 Jahren gelebt haben. ...*
   b) Beschreibe die Charaktereigenschaften der Person (siehe Seite 58).
   *Aus den Erzählungen geht hervor, dass Odysseus ...*
   c) Beschreibe das Aussehen der Person von oben nach unten und in allen Details: Kopf, Körper, Kleidung und Besonderheiten (siehe Seite 56-57).
   *Wie Odysseus ausgesehen haben könnte, lässt sich nur vermuten. In meiner Vorstellung hatte er ...*
   *(deine Lösung)*

*Einstieg*

# Dichterwerkstatt

*Gedichte sind unterschiedlich*

### Hoffnung

Es reden und träumen die Menschen viel
Von bessern künftigen Tagen,
Nach einem glücklichen goldenen Ziel
Sieht man sie rennen und jagen,
Die Welt wird alt und wieder jung,
Doch der Mensch hofft immer Verbesserung.
[...]

(Friedrich Schiller, 1798)

### Das Fräulein stand am Meere

Das Fräulein stand am Meere
Und seufzte lang und bang,
es rührte sie so sehre
Der Sonnenuntergang.

Mein Fräulein! sein Sie munter,
Das ist ein altes Stück;
Hier vorne geht sie unter
Und kehrt von hinten zurück.

(Heinrich Heine, 1833)

### Vergnügungen

Der erste Blick aus dem Fenster am Morgen
Das wiedergefundene alte Buch
Begeisterte Gesichter
Schnee, der Wechsel der Jahreszeiten
Die Zeitung
Der Hund
Die Dialektik
Duschen, Schwimmen
Alte Musik
Bequeme Schuhe
Begreifen
Neue Musik
Schreiben, Pflanzen
Reisen
Singen
Freundlich sein.

(Bertolt Brecht, 1954)

### Die Entwicklung der Menschheit

Einst haben die Kerls auf den Bäumen gehockt,
behaart und mit böser Visage.
Dann hat man sie aus dem Urwald gelockt
und die Welt asphaltiert und aufgestockt,
bis zur dreißigsten Etage.

Da saßen sie nun, den Flöhen entflohn,
in zentral geheizten Räumen.
Da sitzen sie nun am Telefon.
Und es herrscht noch genau derselbe Ton
wie seinerzeit in den Bäumen.
[...]

(Erich Kästner, 1931)

1. Schlage nach, was man unter „Dialektik" versteht.

http://www.lernwege-deutsch.de/50





*Einstieg*

**In diesem Kapitel kannst du lernen, ...**

- dass es sehr unterschiedliche Gedichte gibt.
- wie du selbst ein Gedicht schreiben kannst.
- dass es Gedichte gibt, die sich reimen und Gedichte, die sich nicht reimen.
- ein Gegengedicht zu schreiben.
- Gedichte miteinander zu vergleichen.

**Hier findest du heraus, was du schon kannst:**

**Aufgabe 1:**
*Beispiellösung: Manche Gedichte reimen sich, andere nicht; sie stammen aus unterschiedlichen Jahren.*

**Aufgabe 2a:**
*(deine Ergebnisse)*

**Aufgabe 4:**
Übertrage die folgende Tabelle in dein Heft. Es müssen mindestens 10 Zeilen sein.
a) Schreibe die Namen aller Dichter, deren Gedichte in diesem Lernbuch abgedruckt sind, in die Tabelle.

| Namen der Dichter | Werke |
|---|---|
| *Friedrich Schiller* | *Hoffnung* |
| *Bertolt Brecht* | *Vergnügen* |
| *Heinrich Heine* | *Das Fräulein stand am Meere* |
| *Erich Kästner* | *Die Entwicklung der Menschheit* |
| *Lea Smulders* | *Tante Trude Trippelstein* |
| *James Krüss* | *Das Feuer* |
| *Rainer Maria Rilke* | *Herbsttag* |

b) Recherchiere für jeden Dichter zwei weitere Gedichte. Schreibe die Titel in der Tabelle.
*(deine Ergebnisse)*

*Vorstufe*

## *Selbst Gedichte schreiben*

**Zookatze**

Eine wilde Katze, die
zwei dicke Pfoten hat, wohnt seit
drei Monaten und
vier Tagen bei uns im Zoo.

1. Schreibe selbst ein Zahlengedicht zum Thema „Schule“.
   Achte darauf, dass die Zahlen immer am Anfang der Zeile stehen.
   *(deine Lösung)*

   Finde eine passende Überschrift.

   *(deine Lösung)*

2. Nimm dir ein Schmuckblatt und schreibe ein „Jahreszeitengedicht“.
   Sammle vorher deine Gedanken in einer Mindmap wie unten. Schreibe fort.
   Du kannst dir aber auch nur eine Jahreszeit aussuchen und darüber ein Gedicht schreiben.

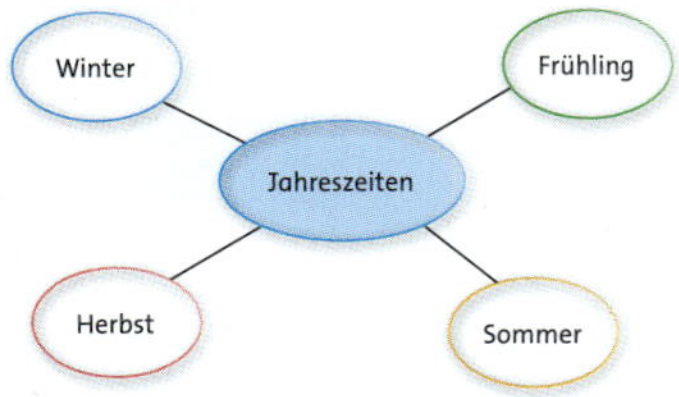


*(deine Lösung)*

*Grundstufe*

## *Verstecktes Gedicht*

Hier hat sich ein Gedicht versteckt. Aber du wirst es finden.

1. Unterstreiche zuerst die Reimwörter.
2. Überlege dir dann, wo im Gedicht die Zeilenenden liegen könnten. Trenne diese mit einem Strich | ab.
3. Schreibe das Gedicht in Gedichtform auf. Du kannst die Strophen auf die Regenschirme schreiben.
4. Lerne das Gedicht auswendig.

**Tante Trudel Trippelstein**

Tante Trudel Trippelstein | hält nicht viel vom Sonnenschein |. Und an schönen Tagen | hat sie's mit dem Magen. | Ist der Sommer schön und warm, | weint sie, dass es Gott erbarm. | Es ist wirklich sonderbar, | dennoch ist es wahr. | Doch ist Regen angesagt | und ein jeder brummt und klagt, | ruft sie mit zufriedner Miene: | „Kinder, ich verdiene!“ | Wenn es draußen plitscht und platscht | und der Regen klitscht und klatscht, | wird die Tante – wie famos – | Regenschirme los!

(Lea Smulders)

**Tante Trudel Trippelstein**

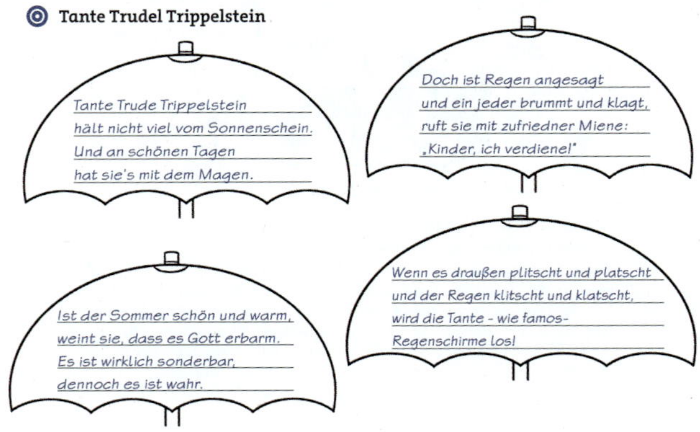


http://www.lernwege-deutsch.de/51









*Mittelstufe*

## *Gedichte-Basteleien*

**Das Feuer**

Hörst du, wie die Flammen *flüstern*,
Knicken, knacken, *krachen*, *knistern*,
Wie das Feuer rauscht und *saust*,
Brodelt, brutzelt, brennt und *braust*?

knistern, flüstern, krachen, saust, braust

Siehst du, wie die Flammen *lecken*,
Züngeln und die Zunge *blecken*,
Wie das Feuer tanzt und *zuckt*,
Trockne Hölzer schlingt und *schluckt*?

zuckt, lecken, blecken, schluckt

Riechst du, wie die Flammen *rauchen*,
Brenzlig, brutzlig, brandig *schmauchen*,
Wie das Feuer, rot und *schwarz*,
Duftet, schmeckt nach Pech und *Harz*?

rauchen, Harz, schwarz, schmauchen

Fühlst du, wie die Flammen *schwärmen*,
Glut aushauchen, wohlig *wärmen*,
Wie das Feuer *flackrig-wild*,
Dich in warme Wellen *hüllt*?

hüllt, schwärmen, wärmen, flackrig-wild

Hörst Du, wie es leiser *knackt*?
Siehst du, wie es matter *flackt*?
Riechst du, wie der Rauch *verzieht*?
Fühlst du, wie die Wärme *flieht*?

flieht, flackt, verzieht, knackt

Kleiner wird der Feuerbraus:
Ein letztes *Knistern*,
Ein feines *Flüstern*,
Ein schwaches *Züngeln*,
Ein dünnes *Ringeln* –
Aus.

Ringeln, Flüstern, Knistern, Züngeln

(James Krüss)

1. Trage die passenden Reimwörter (gelb) in das Gedicht ein.
2. Lerne das Gedicht auswendig. Nimm es mit dem Smartphone auf und höre es dir an.
3. Lies jemandem das Gedicht laut vor. Betone die lautmalerischen Wörter (z. B.: knackt, knistert, braust).

*Erweiterungsstufe*

## *Ein Gegengedicht schreiben*

Rainer Maria Rilke schrieb ein Gedicht darüber, wie er die Zeit des Übergangs vom Sommer zum Herbst wahrnimmt. Er beschrieb, wie der Sommer zu Ende ging und der Herbst kam.

1. Nimm das Gedicht „Herbsttag“ und schreibe ein ähnliches Gedicht. Schreibe darüber, wie du den Frühling wahrnimmst, der die lange Winterzeit nun ablöst. Was geschieht?
2. Unterstreiche zuerst Wörter, zu denen du das Gegenteil finden kannst.

| **Herbsttag** | **Frühlingstag** |
| --- | --- |
| Herr, es ist Zeit. | *Herr, es ist Zeit.* |
| Der Sommer war sehr groß. | *Der Winter war lang.* |
| Leg deinen Schatten auf die Sonnenuhren, | *Schiebe die dunklen Wolken weg,* |
| und auf den Fluren lass die Winde los. | *lass die Sonnenstrahlen blinzeln.* |
| Befiehl den letzten Früchten voll zu sein; | *(deine Lösung)* |
| gib ihnen noch zwei südlichere Tage, | |
| dränge sie zur Vollendung hin und jage | |
| die letzte Süße in den schweren Wein. | |
| Wer jetzt kein Haus hat, baut sich keines mehr. | |
| Wer jetzt allein ist, wird es lange bleiben, | |
| wird wachen, lesen, lange Briefe schreiben | |
| und wird in den Alleen hin und her | |
| unruhig wandern, wenn die Blätter treiben. | |
| (Rainer Maria Rilke, 1902) | (von ____________) |

Info:
Das Gedicht, das du gerade geschrieben hast, nennt man „Gegengedicht“. In einem Gegengedicht wird der Inhalt so verändert, dass das Gegenteil des ursprünglichen Gedichtes beschrieben wird. Einzelne Wörter und die Art und Weise, wie die Sätze gebaut sind, werden teilweise übernommen.

# *Freizeit & Hobbys*

*Über etwas berichten, andere informieren*

Fabienne und ihre Klasse suchen Ideen für die Arbeitsgemeinschaften (AGs) im neuen Schuljahr.

Am Abend findet Fabienne daheim diesen Artikel:

**Die beliebtesten Hobbys der Jugendlichen**

**Umfrageergebnisse einer Freizeitstudie**

Berlin. Eine Umfrage unter 10- bis 16-jährigen Jugendlichen hat es ergeben: Fußball ist und bleibt die beliebteste Freizeitbeschäftigung der Jungen. Generell mögen sie eher sportliche Hobbys, auch Technik und PCs finden viele interessant. Die Mädchen bevorzugen eher kreative, künstlerische oder musikalische Hobbys. Mittlerweile lernen aber auch immer mehr Jungen ein Musikinstrument. Einige Jugendliche betreiben sogar außergewöhnliche Hobbys, für die man eine spezielle Ausbildung braucht. Zunehmend ist die Zahl der Jugendlichen, die sich für Natur und Umwelt engagieren.

**In diesem Kapitel kannst du lernen, ...**

- Inhalte aus Texten herauszuarbeiten.
- Lesestrategien anzuwenden.
- Diagrammen Informationen zu entnehmen.
- einen Bericht zu schreiben.

**Hier findest du heraus, was du schon kannst:**

1. Arbeite mit dem Artikel auf Seite 66.
   a) Was ist das für ein Text? *Zeitungsbericht*
   b) Worum geht es in diesem Text?
   *Es geht um die beliebtesten Hobbys der Jugendlichen und die Ergebnisse einer Umfrage.*

2. Welche Bereiche von Hobbys werden im Text genannt? Trage sie in die Mindmap ein.

3. Finde für jeden Bereich mindestens drei Beispiele. Trage sie in die Mindmap ein.

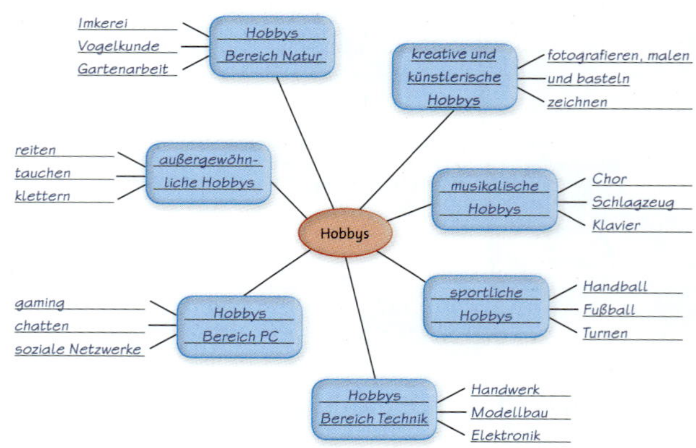












## *Wortschatz: Viele Kinder – viele Hobbys*

Die Kinder in Fabiennes Klasse haben viele unterschiedliche Hobbys.

1. Schreibe zu jedem Bild das passende Hobby auf.
2. Ordne die Hobbys in die folgenden drei Bereiche ein. Kreise sie in der passenden Farbe ein: sportliche Hobbys (blau), musikalische Hobbys (grün), künstlerisch-kreative Hobbys (rot)

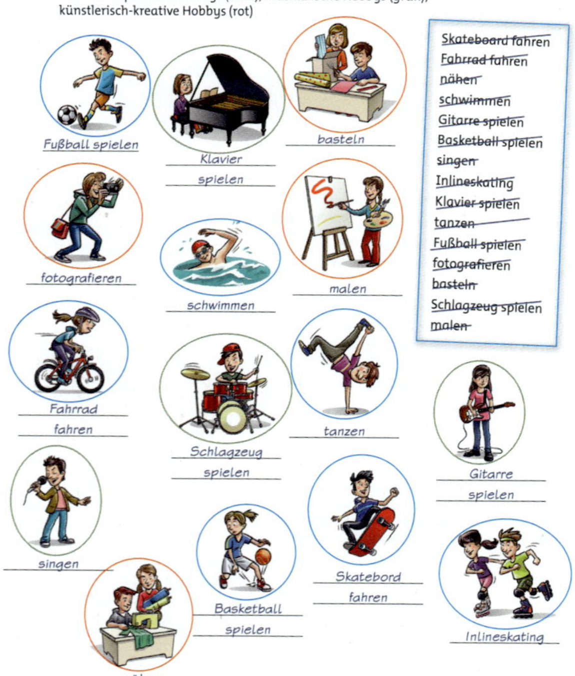


## *Wortschatz: Hobbys vorstellen*

1. Was macht dir Spaß? Was gefällt dir nicht? Suche je ein Hobby aus und begründe.

Ich mag *(deine Lösung)*, weil *(deine Lösung)*

Ich mag *(deine Lösung)* nicht, weil *(deine Lösung)*

Du möchtest in der Klasse dein Hobby vorstellen. Dafür machst du dir zuerst einige Notizen.

2. Beantworte die Fragen über dein Lieblingshobby.

**Steckbrief**

Was ist dein Lieblingshobby?
*(deine Lösung)*

Was brauchst du für dein Hobby (z. B. Ausrüstung)?
*(deine Lösung)*

Kannst du dein Hobby alleine machen oder brauchst du z. B. Mitspieler?
*(deine Lösung)*

Machst du dein Hobby drinnen oder draußen?
*(deine Lösung)*

Was ist das Besondere an deinem Hobby?
*(deine Lösung)*

Warum machst du gerade dieses Hobby so gerne?
*(deine Lösung)*

## *Inhalte aus Texten herausarbeiten*

Alexander findet in einer Zeitschrift folgende Anzeige:

**Du wolltest schon immer klettern lernen? Dann komm zu uns in die Kletterschule.**
Wir zeigen dir in unserem Anfängerkurs, worauf es beim Klettern ankommt.
Denn erst einmal musst du alles rund um die Sicherheit beim Klettern lernen:
- Wir machen dich mit der Ausrüstung vertraut und zeigen dir, wie man mit einem Klettergurt umgeht.
- Wir bringen dir bei, wie man Kletterknoten macht.
- Wir zeigen dir, wie du richtig sicherst und mit dem Seil umgehst.

Klettern ist ein toller Sport für Jungen und Mädchen. Auch für die Gesundheit ist es ein gutes Hobby, denn Ausdauer und Kraft werden verbessert und alle Muskeln gestärkt. In unserem Anfängerkurs wirst du schon bald erste Erfolge haben. Und da man beim Klettern immer zu zweit ist, lernst du auch viele nette Leute kennen. Zudem gibt es sehr abwechslungsreiche Herausforderungen, die dein Selbstbewusstsein stärken. Also, worauf wartest du? Melde dich noch heute bei uns an.

1. Überfliege den Text.
2. Um was geht es in dem Text? Kreuze ohne nachzulesen nur die richtigen Aussagen an.
   - [ ] Klettern ist gefährlich.
   - [x] Vor dem Klettern muss man viel lernen.
   - [x] Klettern stärkt das Selbstbewusstsein.
   - [ ] Beim Klettern ist man immer alleine.
   - [ ] Klettern verschlechtert Ausdauer und Kraft.
   - [x] Der Sport ist für Jungen und Mädchen geeignet.
3. Lies den Text noch einmal aufmerksam.
4. Warum ist Klettern so ein tolles Hobby? Unterstreiche die passenden Stellen im Text.
5. Wäre Klettern ein Hobby für dich? Kreuze an und begründe. ☐ ja ☐ nein

   Klettern wäre *(deine Lösung)* ______________________



## *Einen Text gliedern und erschließen*

Meliha findet die Idee mit der Imker-AG super. Sie sucht nach Informationen dazu und findet den unten stehenden Text.

1. Lies den Text und kreise Wörter ein, die du nicht verstehst. Schlage sie im Wörterbuch nach.
2. Teile den Text durch Striche in Abschnitte ein. Finde für jeden Abschnitt eine passende Überschrift. Schreibe sie neben den Abschnitt.
3. Unterstreiche in jedem Abschnitt mindestens drei Schlüsselworter. *(deine Lösung)*
4. Schreibe zu jedem Abschnitt einen zusammenfassenden Satz in dein Heft. Benutze dazu die unterstrichenen Schlüsselwörter.

### Die Bienenzucht – ein wichtiges Hobby

Die Honigbienen sind für die Vielfalt an Nahrungsmitteln, gute Ernten und ökologische Artenvielfalt verantwortlich. Sie bestäuben Nutz- und Wildpflanzen und sorgen so dafür, dass diese sich vermehren. Einige Pflanzen würden ohne Bienenbestäubung gar nicht mehr wachsen. Deshalb ist die Honigbiene das drittwichtigste Nutztier auf der Erde. — *Die Biene als wichtiges Nutztier*

Leider gibt es immer weniger Bienen. Das liegt neben einigen Krankheiten auch am Fehlen von Wildblumen- und Obstwiesen. Deshalb ist die Arbeit der vielen Hobby-Imker umso wichtiger. Sie züchten neue Bienenvölker und stellen die Bienenstände an nahrungsreichen Plätzen auf. — *Gefahren für Bienen*

Doch die Imkerei ist kein einfaches Hobby. Dafür muss man einen Kurs besuchen und viele Dinge lernen. Neben Wissen werden praktische Dinge benötigt, wie z.B. die Herstellung von Rahmen mit Wachswänden für Bienenstöcke. Damit weder Bienen noch Menschen zu Schaden kommen, muss der richtige Umgang mit den Bienen geübt werden. Dazu gibt es eine spezielle Ausrüstung: Imker-Hüte mit Schleier, Handschuhe und Imker-Pfeife. — *Imkerei als Hobby*

Notwendig sind auch Kenntnisse über die richtige Verwertung des Honigs. Der Umgang mit einer Honigschleuder und das Abfüllen des fertigen Honigs brauchen handwerkliches Können. Im Winter stellen die Imker neue Rahmen für den Bienenstock her. Altes Bienenwachs wird zu Kerzen verarbeitet. — *Herstellung und Nutzen des Honigs*











## *Diagramme auswerten*

Fabienne und ihre Mitschüler haben eine Vorauswahl getroffen und eine Umfrage zu den gewünschten AGs in den Klassenstufen 5 und 6 durchgeführt. Ihre Ergebnisse haben sie für die Klassenstufe 5 als **Balkendiagramm** und für die Klassenstufe 6 als **Säulendiagramm** dargestellt.

1. Schaue dir das Diagramm der Klassenstufe 6 genau an. Fülle dann die Lücken im Text.
   Bei der Klassenstufe 6 ist die *Imker-AG und die Fußball-AG* am beliebtesten. In die *Theater-AG* wollen gleich viele Jungen und Mädchen. Am wenigsten Schüler wollen eine *Modelleisenbahn-AG und Orchester-AG*. Die *Fußball-AG* und die *Theater-AG* haben jeweils 10 Stimmen bekommen. In die Klassenstufe 6 gehen insgesamt *82* Schüler. Davon sind *40* Jungen und *42* Mädchen.
2. Finde zu dem Säulendiagramm mindestens 10 zutreffende Aussagen. Schreibe in dein Heft. *(deine Lösung)*
3. Schaue dir nun das Diagramm der Klassenstufe 5 genau an. Fülle dann die Lücken im Text.
   Die *Kletter-AG* ist in der Klassenstufe 5 am beliebtesten. Kein Junge möchte in die *Orchester-AG* gehen. Drei AGs haben *12* Stimmen bekommen. In die Klassenstufe 5 gehen insgesamt *86* Schüler. Davon sind *52* Jungen und *34* Mädchen.

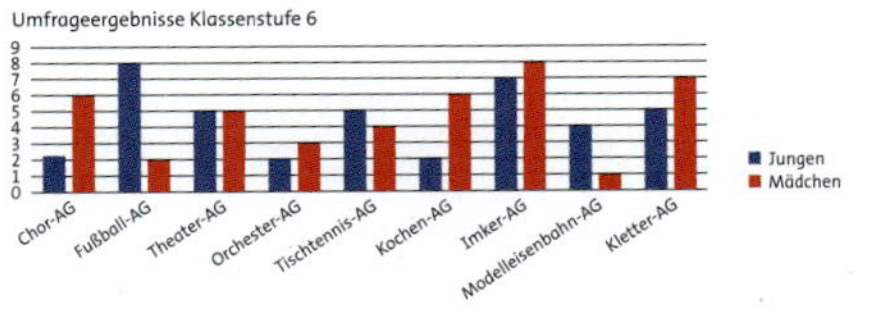


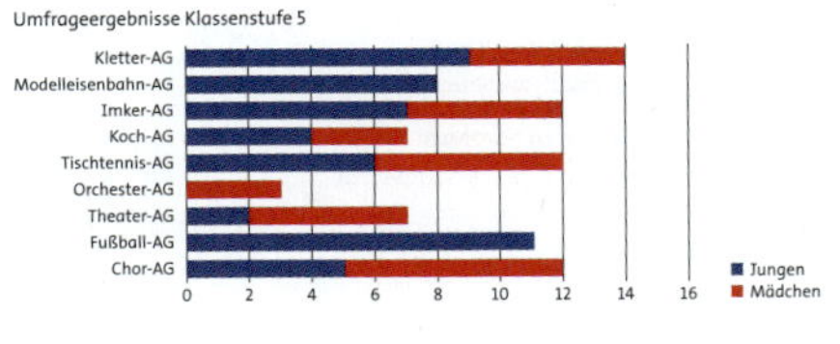


4. Beantworte die folgenden Fragen mithilfe der beiden Diagramme auf Seite 72.
   a) Um eine AG zu gründen, müssen mindestens 6 Schüler daran teilnehmen. Welche AGs kommen deshalb nicht zustande? Schreibe auf.
   *Orchester-AG in 5 + 6 sowie Modelleisenbahn-AG in 6*
   b) Welche AG wurde insgesamt am häufigsten gewählt? Schreibe auf.
   *Imker-AG*
   c) Gibt es eine AG, die nur von Jungen gewählt wurde?
   Kreuze an. ☒ ja ☐ nein
5. Die Leiterin der Theater-AG plant schon ein Theaterstück. Dafür muss sie wissen, wie viele männliche und weibliche Rollen sie jeweils besetzen kann. Fabienne hat ihr deshalb ein Kreisdiagramm aus den Umfrageergebnissen der Klasse 6 erstellt. Beschrifte die Legende des Kreisdiagramms an der richtigen Stelle mit „Jungen" und „Mädchen".

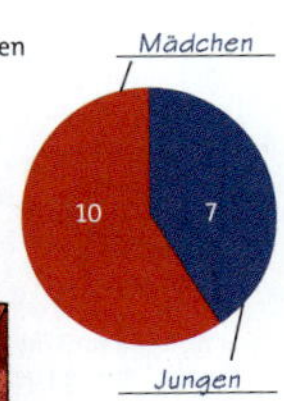

6. Vergleiche die drei Diagramme. Setze dann die Begriffe „Balkendiagramm", „Säulendiagramm" und „Kreisdiagramm" richtig ein.
   Beim *Kreisdiagramm* erkenne ich auf einen Blick, wie Jungen und Mädchen verteilt sind.
   Wie viele Mädchen in eine AG wollen, kann ich beim *Säulendiagramm* am einfachsten feststellen.
   Beim *Balkendiagramm* erkenne ich am schnellsten, wie viele Schüler einer Klassenstufe in eine bestimmte AG gehen wollen.

### *Fragen zu einem Unfall beantworten*

Max und Jonas fahren zur Fußball-AG. Doch am Freitag ist dabei etwas passiert …

**1.** Schaue dir die Bilder genau an. Beantworte dann die W-Fragen in Stichwörtern in deinem Heft.
a) **Wann** ist der Unfall passiert? *Freitag, 13. Oktober, 12.15 Uhr.*
b) **Wo** ist er passiert? *Vor Mozart-Schule Mühlstadt.*
c) **Wer** war beteiligt? *Jonas, Max.*
d) **Was** ist passiert? *Max Fahrradsturz.*
e) **Wie** und **warum** geschah er? *Max nach hinten geschaut, Katze übersehen.*
f) **Welche** Folgen hatte er? *Notarzt, Krankenhaus, Gips.*







### *Einen Unfallbericht schreiben*

Frau Klein, die Klassenlehrerin von Max und Jonas, muss für die Unfallversicherung genau wissen, wie es zu dem Unfall kam. Weil Jonas dabei war, muss er nun einen Zeugenbericht schreiben. Hier siehst du seinen ersten Entwurf.

*Max und ich waren Fahrrad fahren, weil das unser Lieblingshobby ist. Wir redeten miteinander. Max erzählte mir, dass er in den Ferien nach Spanien fliegt. Plötzlich war da diese riesige Katze, ich glaube, die gehört Frau Müller. Die Katze rennt oft auf der Straße herum und versucht, Vögel zu fangen. Ach ja, Max schaute vor dem Sturz die ganze Zeit nach hinten. Dann gab es einen megalauten Knall, Fahrradteile flogen durch die Luft, und Max schrie wie ein Brüllaffe. Dann …*

Frau Klein war nicht zufrieden mit dem Text.

**1.** Warum war Frau Klein nicht zufrieden? Schreibe auf.
*Beispiellösung: Er schreibt viele Dinge auf, die nichts mit dem Unfall zu tun haben.*

**2.** Schreibe einen Bericht über den Unfall von Max in dein Heft:
– Nutze dafür alle wichtigen Informationen und Tatsachen, die du bekommen hast.
– Orientiere dich am Schreibplan.
*(deine Lösung)*

Schreibplan für einen Unfallbericht

- ☐ Finde eine passende **Überschrift**.
- ☐ Beantworte die **W-Fragen** in der richtigen **Reihenfolge**:
  - ☐ **Einleitung**: Wann? Wo? Wer? Was?
  - ☐ **Hauptteil**: Wie / Warum ist es passiert? Beschreibe genau, lückenlos und folgerichtig!
  - ☐ **Schluss**: Welche Folgen hatte es?
- ☐ Schreibe in **sachlicher Sprache**: Keine Gefühle, keine Vermutungen, keine wörtliche Rede
- ☐ Halte die **Erzählperspektive** ein (Er-Form).
- ☐ Schreibe in der richtigen **Zeitform** (Präteritum) und halte sie ein.

# *Abrakadabra!*

### *Zauberhafte Vorgänge beschreiben*

Luis und Elif sind große Fans von Harry Potter. Ständig üben sie neue Zaubertricks, mit denen sie ihre Mitschüler in der Pause zum Staunen bringen.

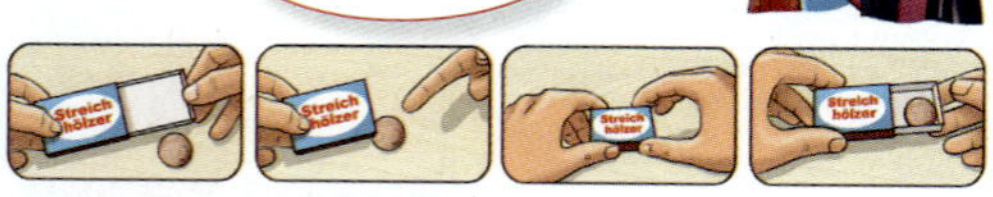

**1.** Die Anleitung von Luis zu seinem Zaubertrick ist total durcheinandergeraten.
a) Lies die Kärtchen genau durch und bringe sie in die richtige Reihenfolge, indem du sie nummerierst.
b) Führe den Zaubertrick nach der Anleitung durch und überprüfe, ob deine Reihenfolge stimmt.

- Vor den Zuschauern legt man zuerst die zweite 5-Cent-Münze auf den Tisch. *4*
- Als erstes klebt man doppelseitiges Klebeband an den Boden der Schachtel und versteckt eine 5-Cent-Münze darin. *3*
- Für den Trick benötigt man: einen Tisch, eine Streichholzschachtel, zwei 5-Cent-Münzen, doppelseitiges Klebeband. *2*
- Nun wird die Schachtel auf die Münze gelegt, sodass sie am Klebeband hängen bleibt. *5*
- **Die verschwundene Münze** *1*
- Zum Schluss hebt man die Streichholzschachtel nach oben und zeigt die Münze in der Schachtel. *6*
- Tipp: Durch das Aufsagen von Zaubersprüchen während des Tricks wirkt dieser noch spannender. *7*







**In diesem Kapitel kannst du lernen, …**

- Vorgangsbeschreibungen genau zu lesen und zu verstehen.
- wie man Vorgänge in der richtigen Reihenfolge beschreibt.
- wie man eine Vorgangsbeschreibung verständlich schreibt und überarbeitet.

**Hier findest du heraus, was du schon kannst:**

**1.** In der folgenden Checkliste sind alle Punkte aufgelistet, die man beim Beschreiben von Vorgängen beachten sollte.
a) Füge die Wörter aus dem Kasten in die Lücken ein.
b) Überprüfe, ob Luis bei seiner Anleitung für den Zaubertrick die Punkte aus der Checkliste beachtet hat.

| **Inhalt und Aufbau** |
|---|
| Die Beschreibung besitzt eine *Überschrift*. |
| Zu Beginn werden alle *Materialien* aufgezählt, die man benötigt. |
| Alle Arbeitsschritte werden in der richtigen *Reihenfolge* beschrieben. |
| Am Schluss wird ein wichtiger *Tipp* genannt. |

| **Sprachliche Gestaltung** |
|---|
| Es wird in der Zeitform *Präsens* geschrieben. |
| Bestimmte Wörter machen die Reihenfolge der einzelnen Arbeitsschritte deutlich (zu Beginn, dann, *zuletzt*). |
| Gegenstände und Tätigkeiten sind mit genauen *Fachwörtern* (Klebeband, vorbereiten) benannt. |
| Es wird durchgängig in der gleichen Verbform (*Du-Form*, Man-Form oder im Imperativ (=Befehlsform)) geschrieben (Du legst … / Man legt … / Lege …). |

~~Präsens~~
~~Überschrift~~
~~Fachwörtern~~
~~Tipp~~
~~zuletzt~~
~~Materialien~~
~~Reihenfolge~~
~~Du-Form~~

*Vorstufe*

## Vorgänge in der richtigen Reihenfolge beschreiben

Luis und Elif haben ihre gesamte Klasse mit der Freude an der Zauberei angesteckt. Gemeinsam möchten sie eine Zaubershow organisieren und jeder übt fleißig seine Tricks.

1. Alexandra probiert den Trick „Der magische Luftballon" aus.
   a) Schaue dir die folgenden Bilder genau an.
   b) Lies dann die blauen Kästen genau durch. Suche zu jedem Bild den passenden Text und verbinde mit Bleistift.
   c) Schreibe auf, was Alexandra für den Zaubertrick benötigt.

**Du benötigst:** ein Päckchen Backpulver, *eine leere Flasche, Essig, einen Trichter, einen Esslöffel und einen Luftballon*

2. In welcher Reihenfolge musst du vorgehen?
   a) Überlege, wie Alexandra bei ihrem Trick vorgeht.
   b) Führe den Zaubertrick anschließend selbst durch.

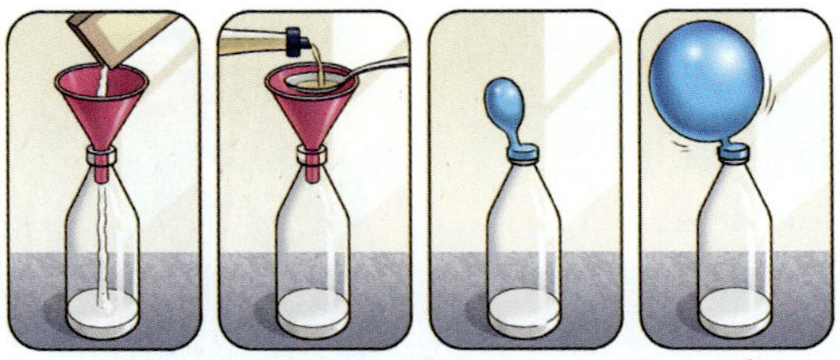

1 2 3 4

| | | | |
|---|---|---|---|
| Ziehe dann den Luftballon ganz schnell über die Flaschenöffnung. | Spreche zum Schluss einen Zauberspruch und der Luftballon füllt sich wie von selbst. | Nimm zuerst die Flasche und fülle mithilfe des Trichters ein Päckchen Backpulver hinein. | Fülle anschließend drei Esslöffel Essig mit dem Trichter in die Flasche. |





*Grundstufe*

## Mit Wörtern die Reihenfolge deutlich machen

Carlos möchte für die Zuschauer der Zaubershow Besen aus Salzstangen und Käse zubereiten.
Er erklärt der Klasse, wie man dabei vorgeht.

1. Was fällt dir an der Beschreibung von Carlos auf?
   *Er beginnt jeden neuen Abschnitt mit „und dann".*

2. Unterstreiche in den Anleitungen auf Seite 76 und 78 alle Wörter, die die Reihenfolge der einzelnen Schritte deutlich machen.
   Notiere diese Wörter rechts auf dem Notizzettel.

   anschließend, *nun, daraufhin, zuerst, zu Beginn, als Erstes, dann, zum Schluss*

3. Schreibe das Rezept zur Zubereitung der Besen in dein Heft.
   a) Schaue dir die Bilder genau an und notiere zuerst alle Zutaten und Geräte, die man benötigt.
   *Für die Besen aus Salzstangen und Käse benötigst du: ein Schneidbrett, ein Messer, Salzstangen, Käsescheiben und Schnittlauch.*
   b) Ergänze anschließend die folgenden Sätze mit passenden Wörtern aus Aufgabe 2.
   *(1) Als Erstes legst du alle Zutaten und Arbeitsgeräte bereit.*
   *(2) Anschließend schneidest du die Käsescheiben rund aus.*
   *(3) Dann rollst du den Käse auf.*
   *(4) Daraufhin schneidest du den Käse mit dem Messer von unten ein.*
   *(5) Nun steckst du von oben die Salzstange in die Käserolle.*
   *(6) Zum Schluss bindest du den Käse mit Schnittlauch an die Salzstange.*





*Mittelstufe*

## Verbformen: Du-Form, Man-Form und Imperativ

Zaubertüten sind praktische Helfer für Zaubertricks. Damit Kim nicht vergisst, wie man sie bastelt, hat sie sich eine Anleitung geschrieben.

1. Kim hat in ihrer Anleitung verschiedene Formen der Anrede verwendet.
   a) Übernimm folgende Tabelle in dein Heft.
   b) Ordne alle gelb markierten Wörter passend in die Spalten ein.
   Ergänze die leeren Spalten.

| Du-Form | Man-Form | Imperativ (=Befehlsform) |
|---|---|---|
| *bastelst du* | *bastelt man* | *bastle* |
| *benötigst du* | *benötigt man* | *benötige* |
| *gehst du* | *geht man* | *gehe* |
| *faltest du* | *faltet man* | *falte* |
| *öffnest du* | *öffnet man* | *öffne* |
| *klappst du* | *klappt man* | *klappe* |
| *beginnst du* | *beginnt man* | *beginne* |
| *knickst du* | *knickt man* | *knicke* |
| *öffnest du* | *öffnet man* | *öffne* |
| *steckst du* | *steckt man* | *stecke* |

   c) Schreibe Kims Anleitung komplett in der Befehlsform in dein Heft.
   *Gehe so vor:*
   *1. Falte zu Beginn das Papier einmal in der Mitte. Öffne jetzt das Papier wieder, sodass die Mittellinie sichtbar wird.*
   *2. Klappe als Nächstes alle vier Ecken zur Mittellinie. Beginne mit der Ecke links unten und falte danach die Ecken rechts unten über die gefaltete Ecke. Knicke anschließend die Ecke rechts oben zur Mitte und dann die Ecke links oben darüber.*
   *3. Öffne nun die Ecke, die zuletzt gefaltet wurde und stecke sie in die andere Ecke in der Mitte, sodass eine Tüte entsteht.*





*Erweiterungsstufe*

## Eine Bastelanleitung schreiben und überarbeiten

1. Elias hat Spinnen gebastelt und eine Anleitung dazu geschrieben.
   a) Überprüfe, ob Elias alle wichtigen Punkte der Checkliste auf der Seite 77 beachtet und alle Arbeitsschritte genannt hat.
   *(deine Lösung)*
   b) Markiere die Stellen, die du ändern würdest. Notiere Verbesserungsvorschläge am Rand.

**So machst du Spinnen zur Dekoration**
Das braucht man: eine Klopapierrolle, schwarzes Krepppapier, schwarzes und weißes Tonpapier, schwarzer Filzstift, Kleber und Schere.

**So gehst du vor:**
Mache eine Klopapierrolle in der Hälfte durch. Dann machst du die Klopapierrolle mit Kleber voll und machst das Krepppapier herum. Mache aus dem schwarzen Tonpapier acht lange Spinnenbeine und aus dem weißen Tonpapier zwei runde Spinnenaugen. Dann machst du zwei Pupillen in die weißen Kreise.
**Tipp:** Deine Spinne sieht besonders toll aus, wenn du ein Kreuz auf die Oberseite der Klopapierrolle machst.

*· durchgängig gleiche Verbformen nutzen (machst du, brauchst du, ...)*
*· statt „machst" passende Fachwörter verwenden (bastelst, schneidest, klebst, ...)*
*· mit passenden Wörtern die Reihenfolge deutlich machen (Als Erstes, nun, zum Schluss, ...)*
*· fehlende Arbeitsschritte ergänzen*

   c) Überarbeite Elias' Bastelanleitung und schreibe sie in dein Heft.
   *So gehst du vor:*
   *Als Erstes schneidest du eine Klopapierrolle in der Hälfte durch. Anschließend bereitest du einen Streifen Krepppapier vor, der gleich breit und lang genug ist, um die Rolle damit einzuwickeln. Als Nächstes verteilst du Kleber auf der Klopapierrolle und wickelst das Krepppapier herum. Nun schneidest du aus dem schwarzen Tonpapier acht lange Spinnenbeine und aus dem weißen Tonpapier zwei runde Spinnenaugen. Die Spinnenbeine klebst du daraufhin mit den Enden in und die Augen auf die Klopapierrolle. Zum Schluss malst du mit einem schwarzen Filzstift zwei Pupillen in die weißen Kreise.*
   *Tipp: Deine Spinne sieht besonders toll aus, wenn du mit Kleber ein weißes Kreuz auf der Oberseite der Klopapierrolle befestigst oder aufzeichnest.*

# Draufschauen!

*Einen Gegenstand beschreiben*

Lisas Rucksack wurde leider nicht im Fundbüro abgegeben. Daher möchte sie einen Aushang am schwarzen Brett in der Schule machen. Aber sie hat kein Foto von ihrem Rucksack, deshalb muss sie ihn beschreiben.
Am nächsten Tag trifft sie im Gang auf Jan, der vor ihrer Suchanzeige steht.

1. Hilf Lisa, ihre Beschreibung genauer zu machen. Schreibe mindestens fünf Tipps in dein Heft.
Beispiel: *Zähle die einzelnen Farben auf.*
*Beschreibe, aus welchem Material dein Rucksack besteht.*
*Schreibe auf, was in deinem Rucksack war. Beschreibe die Farbe der Tragegurte.*
*Wie groß ist dein Rucksack? Von welcher Marke ist dein Rucksack?*

**In diesem Kapitel kannst du lernen, ...**

- worauf es bei einer Gegenstandsbeschreibung ankommt.
- wie man eine Beschreibung aufbaut.
- wie man Gegenstände mit Fachwörtern beschreibt.
- aus der Sicht eines Gegenstands zu erzählen.

**Hier findest du heraus, was du schon kannst:**

1. Was kann man an einem Gegenstand alles beschreiben? Schreibe mindestens vier Stichwörter auf.
*Größe, Farbe, Marke, Form*

2. Schreibe möglichst viele Stichwörter auf, die Lisas Rucksack genauer beschreiben.

*grauer Tragegriff*
*rote Schnallen*
*graues Namensschild*
*blaue Taschen*
*grüne Rucksackfarbe*
*gelber Schulterträger/-gurt*
*gelbe Schrift*

Info:
Gegenstandsbeschreibungen findest du oft bei Produktbeschreibungen in Katalogen oder Prospekten sowie bei Verlust- oder Diebstahlsanzeigen.
Damit sich der Leser ein Bild vom Gegenstand machen kann, muss die Beschreibung möglichst genau sein.







*Passende Fachwörter verwenden*

Wenn du einen Gegenstand beschreiben möchtest, brauchst du manchmal Fachwörter.

1. Ordne die Fachwörter den verschiedenen Gegenständen zu. Male dazu die Kästchen in der passenden Farbe an:
Wecker (blau), Fahrrad (gelb), Jacke (grün)

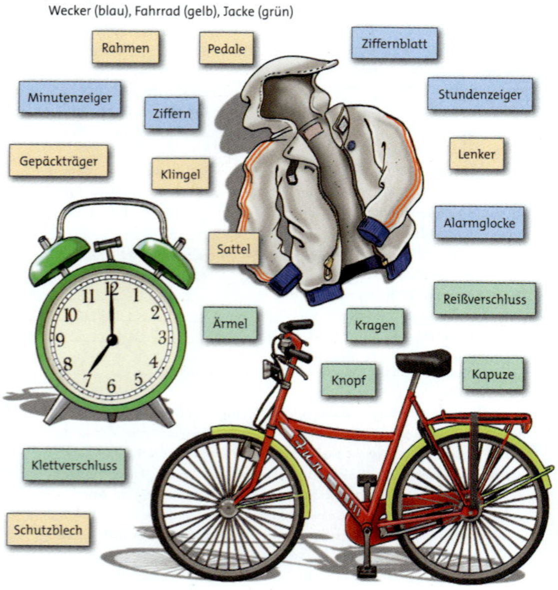


2. Suche dir einen der drei Gegenstände aus. Schreibe zu jedem Fachwort deines Gegenstands einen Satz in dein Heft. Beschreibe darin die Farbe.
Beispiel: *Fahrrad: Der Sattel des Fahrrads ist schwarz. Es hat gelbe Schutzbleche.*

*Merkmale eines Gegenstands beschreiben*

Wenn du einen Gegenstand beschreiben möchtest, beginne mit den auffälligsten Merkmalen: Form, Größe, Material und Farbe.
Im Anschluss kannst du Details (Einzelheiten) beschreiben. Benutze treffende Adjektive. Meistens brauchst du auch passende Fachwörter.

1. Suche dir zehn unterschiedliche Gegenstände aus und schaue sie dir genau an.
2. Sammle zu jedem Merkmal in der Mindmap mindestens vier Beispiele, die zu deinen Gegenständen passen. Trage sie ein.

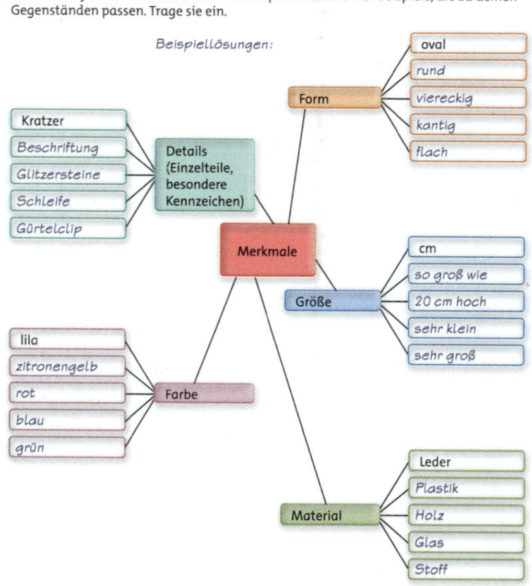


3. Beschreibe einen deiner Gegenstände genau. Achte auf den richtigen Aufbau. Schreibe in dein Heft.

*Mittelstufe*

*Steckbriefe schreiben*

1. Lisa hat einen neuen Wecker. Schaue dir das Bild an und fülle den Steckbrief aus.

Steckbrief
Bezeichnung: *Wecker*
Funktion: *Uhrzeit anzeigen, wecken*
Marke: *tempo*
Farben: *rot, grün, schwarz, weiß*
Material: *Kunststoff*
Form: *viereckig mit Taste zum Ausschalten*
Größe: Höhe: *15 cm* Breite: *15 cm*
Ziffernblatt: *weiße Ziffern und Zeiger*
Details: *Sekundenzeiger, Zeiger für Weckzeit*

Hilfe zu „Details“:
Beschreibe alle Einzelheiten, die du erkennen kannst. Überlege: Was „tun“ die Einzelteile? Welche Aufgaben haben sie?

2. Lisa ist sehr vergesslich. Sie hat den Wecker im Schullandheim vergessen. Der Leiter der Jugendherberge bittet sie, ihm eine E-Mail mit einer genauen Beschreibung zu schicken. Schreibe nun eine ausführliche Beschreibung in dein Heft. Beachte den Schreibplan. *(deine Lösung)*

**Schreibplan**

1. Einleitung:
   - Um was handelt es sich?
   - eventuell Grund der Beschreibung (Beispiel: Verlustanzeige)
2. Hauptteil:
   - „vom Großen zum Kleinen“ beschreiben
   - Merkmale beschreiben (z. B. Farbe, Form, Material, Größe, ...)
   - Einzelteile benennen (z. B. Knöpfe, Zeiger, ...)
   - Details beschreiben (Funktionsweise, Benutzerhinweise, ...)
   - Reihenfolge einhalten:
     – von oben nach unten beschreiben oder umgekehrt
     – besonders wichtige, auffällige Teile beschreiben
3. Schluss:
   - Was bedeutet mir der Gegenstand?
   - Welche Besonderheiten/Auffälligkeiten hat der Gegenstand?

Sprachliche Gestaltung:

1. Sachliche Sprache:
   - treffende Adjektive
   - sachlich beschreiben
2. Stilmittel:
   - Fachwörter
   - Wiederholungen vermeiden
3. Zeit:
   - Präsens (Gegenwart)

*Erweiterungsstufe*

*Kreatives Schreiben – was bin ich?*

**Rätsel**

Hallo, liebe Schüler! Ich bin gespannt, ob ihr erraten könnt, was ich bin. Zunächst möchte ich euch ein wenig über mein Aussehen erzählen. Ich bin ungefähr so groß wie ein dickes Taschenbuch. Meine Form ist rechteckig. Ich bestehe aus Kunststoff, Metall, Stoff und Gummiband. Man kann mich aufklappen und mit einem roten Reißverschluss verschließen. Meine Außenseite ist ziemlich bunt, ich habe ein kariertes Muster aus vielen Farben. Innen besitze ich viele gelbe Gummischlaufen, in denen verschiedenfarbige längliche Gegenstände aus Holz stecken. Auch ein dreieckiger durchsichtiger Gegenstand steckt in einem Plastikfach, das man zusätzlich ausklappen kann. So, nun erzähle ich euch etwas aus meinem Alltag. Nachts schlafe ich meistens auf einem Tisch. Jeden Morgen werde ich dann unsanft in eine dunkle Tasche geworfen. Darin ruckelt es ziemlich und ich rutsche oft hin und her. Wenn mich mein Besitzer aus der Tasche holt, ist es plötzlich sehr hell und sehr laut. Nun werde ich ständig auf- und zugemacht und falle auch ab und zu auf den Boden – das mag ich gar nicht. Immer wieder nimmt mein Besitzer Dinge aus mir heraus oder räumt etwas in mich hinein. Am Ende des Nachmittags bin ich froh, wenn ich wieder in die Tasche gesteckt werde – da ist es wenigstens ruhig und sicher, außer die Trinkflasche läuft mal wieder aus. Und, hast du schon eine Idee, was ich sein könnte?

1. Um welchen Gegenstand handelt es sich?
*Es handelt sich um ein Federmäppchen.*

2. Schreibe selbst eine Rätselgeschichte in dein Heft. Beachte den Schreibplan.
*(deine Lösung)*

**Schreibplan**

- Suche dir einen Gegenstand aus.
- Schreibe alles aus der Sicht des Gegenstands.
- Schreibe im Präsens.
- Achte darauf, den Gegenstand nicht zu nennen.
- Beschreibe zuerst das Aussehen des Gegenstands.
- Was könnte der Gegenstand erleben? Erzähle aus seinem Alltag.
- Überlege dir einen passenden Schlusssatz.







*Einstieg*

# Gefällt mir oder gefällt mir nicht!

*Deine Meinung ist gefragt!*

Eine Klassenfahrt ins Schullandheim steht vor der Tür. Handys und Computer sollen zu Hause gelassen werden. Eine Woche ohne Smartphone, Fernseher, Computer und Internet! Die Klasse 6a ist aufgebracht und diskutiert in ihrem Klassenchat.

*Einstieg*

**In diesem Kapitel kannst du lernen, ...**

- wie man Behauptungen und Begründungen erkennt und formuliert.
- wie man die eigene Meinung begründet.
- wie man durch einen Kommentar im Internet andere von seiner Meinung überzeugen kann.

**Hier findest du heraus, was du schon kannst:**

1. Lies die Meinungen der Schüler im Klassenchat genau durch.
   a) Weshalb sind die Schüler gegen die Verbote im Schullandheim? Markiere die Begründungen im Smartphone auf Seite 88.
   b) Vervollständige folgende Sätze.

   Luca versteht das Smartphone-Verbot überhaupt nicht, weil ...
   *die Schüler auf der langen Busfahrt mit ihrem Smartphone Musik hören oder lustige Videos schauen könnten.*

   Sarah vermisst ihr Handy jetzt schon, da ...
   *sie eigentlich Fotos vom Schullandheim auf Netzbook posten und ihren Eltern schreiben wollte.*

   Yasmin findet das Fernseherverbot schade, denn ...
   *denn dadurch verpasst sie eine ganze Woche ihrer Lieblingsserie.*

   c) Pauls und Carolins Meinungen sind weniger überzeugend. Welchen Unterschied kannst du zu den anderen Aussagen feststellen? Schreibe auf.
   *Sie stellen nur eine Behauptung ohne Begründung auf.*

2. Was würde dir im Schullandheim am meisten fehlen: das Smartphone, der Fernseher, der Computer oder das Internet? Vervollständige folgenden Satz. *(deine Lösung)*
*Mir würde ... am meisten fehlen, weil ...*
*(deine Lösung)*

*Vorstufe*

## Wortschatz: Welche Medien gibt es?

der Computer

die Zeitung

der Fernseher

das Buch

das Smartphone/ Handy

die Zeitschrift

das Radio

1. Schreibe die Namen der Medien mit Artikel unter die Bilder.
2. Man unterscheidet zwischen elektronischen und gedruckten Medien. Umkreise alle elektronischen Medien rot und alle gedruckten Medien grün.
3. Welche Medien nutzt du in deiner Freizeit?
   a) Schreibe das Medium auf, das du am meisten nutzt.
   b) Kreuze deine Gründe für die Nutzung des Mediums an.

Beispiel: Ich nutze *das Smartphone* am häufigsten, weil

- [x] ich dadurch gut unterhalten werde.
- [ ] ich dabei entspannen kann.
- [x] ich mit anderen in Kontakt bleiben kann.
- [x] ich dadurch Informationen erhalte.





*Vorstufe*

## Wortschatz: Wozu ist das Smartphone nützlich?

Luca und Sarah suchen Gründe, um ihre Lehrer von der Nützlichkeit des Smartphones zu überzeugen.

1. Ordne den Bildern die passenden Begriffe aus der Wörterbox zu.

- ~~fotografieren~~
- ~~Spiele spielen~~
- ~~im Internet~~ surfen
- ~~Musik hören~~
- ~~Nachrichten~~ schreiben
- ~~telefonieren~~

Das Smartphone ist nützlich, weil ...

... man damit *Musik hören* kann.

... man damit *Nachrichten schreiben* kann.

... man damit *fotografieren* kann.

... man damit *Spiele spielen* kann.

... man damit *im Internet surfen* kann.

... man damit *telefonieren* kann.

2. Wozu ist das Smartphone nützlich?
   Schreibe die Sätze aus Aufgabe 1 vollständig in dein Heft.
   *Das Smartphone ist nützlich, weil man damit Nachrichten schreiben kann.*
   *Das Smartphone ist nützlich, weil man damit fotografieren kann.*
   *Das Smartphone ist nützlich, weil man damit im Internet surfen kann.*
   *Das Smartphone ist nützlich, weil man damit telefonieren kann.*
   *Das Smartphone ist nützlich, weil man damit Spiele spielen kann.*





*Grundstufe*

## Meinungen zuordnen – Vor- und Nachteile des Internets

1. Das Internet bringt nicht nur Vorteile mit sich. Ordne die Kärtchen und schreibe sie in die richtige Spalte der Tabelle.

- Durch die Verbreitung von bösen Texten oder Fotos ist es einfach, andere im Internet fertig zu machen.
- Man kann in sozialen Netzwerken ganz einfach mit Freunden in Kontakt bleiben, die weit entfernt wohnen.
- Durch Suchmaschinen kann man schnell Informationen finden.
- Persönliche Daten und Fotos können im Internet miss-braucht werden.
- In bestimmten Blogs kann man anderen seine Meinung mitteilen.
- Youtube-Videos greifen auch aktuelle Themen auf oder er-klären Themen aus der Schule.
- Beim Surfen im Internet vergisst man sehr schnell die Zeit.
- Das Internet kann süchtig machen.

| Vorteile des Internets | Nachteile des Internets |
|---|---|
| *Durch Suchmaschinen kann man schnell Informationen finden.* | *Durch die Verbreitung von bösen Texten oder Fotos ist es einfach, andere im Internet fertig zu machen.* |
| *In bestimmten Blogs kann man anderen seine Meinung mitteilen.* | *Durch das Surfen im Internet vergisst man sehr schnell die Zeit.* |
| *Man kann in sozialen Netzwerken ganz einfach mit Freunden in Kontakt bleiben, die weit entfernt wohnen.* | *Persönliche Daten und Fotos können im Internet missbraucht werden.* |
| *Youtube-Videos greifen auch aktuelle Themen auf oder erklären Themen aus der Schule.* | *Das Internet kann süchtig machen.* |





*Grundstufe*

## Behauptungen mit Begründungen verbinden

Der Polizist Herr Achtung besucht die Klasse 6a, um ihr Tipps zum Umgang mit elektronischen Medien zu geben.

| Behauptungen | Begründungen |
|---|---|
| Ihr solltet euch feste Zeiten einrichten, in denen ihr die elektronischen Medien nutzt, | da ihr sicherlich nicht wollt, dass Fremde alles über euch erfahren. |
| Ihr solltet keine Fotos oder Videos von anderen herum-schicken, ohne sie vorher zu fragen, | da ihr so vermeidet, dass ihr zu viel eurer Freizeit mit den Medien verbringt und eine Sucht entwickelt. |
| Ihr solltet eure persönlichen Daten und Fotos schützen, | weil es strafbar ist, die Dateien herunterzuladen, ohne sie zu bezahlen. |
| Ihr solltet Musik oder Filme kaufen, wenn sie euch ge-fallen, | weil dies gegen das Recht am eigenen Bild verstößt und verboten ist. |

*(Verbindungslinien: Ihr solltet euch feste Zeiten einrichten … → da ihr so vermeidet …; Ihr solltet keine Fotos oder Videos … → weil dies gegen das Recht am eigenen Bild …; Ihr solltet eure persönlichen Daten … → da ihr sicherlich nicht wollt …; Ihr solltet Musik oder Filme kaufen … → weil es strafbar ist …)*

1. Herr Achtung möchte die Schüler mit seinen Behauptungen überzeugen.
   a) Verbinde die Behauptungen des Polizisten mit einem Lineal mit der jeweils passen-den Begründung.
   b) Schreibe die vollständigen Sätze in dein Heft.

**Das ist mir aufgefallen:**
*Behauptungen* überzeugen erst, wenn sie mit *Begründungen* verbunden sind. Diese werden oft mit den Bindewörtern (= Konjunktionen) *weil* und *da* eingeleitet.

*Mittelstufe*

## Eehauptungen und Begründungen in einem Text unterscheiden

Isabell aus der 7. Klasse möchte die 6a wegen des Medienverbots im Schullandheim beruhigen. Deshalb schreibt sie der Klasse einen Brief.

Liebe Klasse 6a,
ich habe erfahren, wie aufgebracht ihr über das Medienverbot im Schullandheim seid.
Meiner Klasse ging es letztes Jahr nicht anders. Während der Fahrt haben wir jedoch erkannt, dass unsere Aufregung völlig umsonst war.
Das Medienverbot hat wirklich dazu beigetragen, dass sich unsere Klassengemeinschaft verbessert hat. Schon auf der Busfahrt saß nicht jeder für sich allein vor seinem Smartphone und hörte Musik oder schaute Videos. Wir spielten zusammen Spiele und hatten gemeinsam total viel Spaß. Außerdem fiel uns allen auf, dass es ohne Smartphone auch ganz entspannt sein kann. Wir mussten nicht ständig schauen, ob uns jemand in WhatsApp geschrieben hat oder ob wir jemandem schreiben sollten. Zudem war durch das Medienverbot die Vorfreude auf zu Hause viel größer. Dadurch, dass wir die ganze Woche keinen Kontakt zu unserer Familie hatten, freuten sich alle, von den Erlebnissen zu erzählen und Fotos zu zeigen.
Nun hoffe ich, dass ich euch mit meinen Gründen für das Medienverbot überzeugen konnte.
Ich wünsche euch ein schönes Waldschullandheim.
Liebe Grüße
Isabell

1. Welche Behauptungen und Begründungen werden genannt?
   a) Wähle zwei unterschiedliche Farben und unterstreiche alle Behauptungen und alle Begründungen mit einem Lineal.
   b) Verbinde alle Behauptungen durch Bindewörter mit den dazugehörigen Begründungen aus dem Text. Schreibe in dein Heft.
   Beispiel: *Unsere Klassengemeinschaft hat sich verbessert, weil …*
   *schon auf der Busfahrt nicht jeder alleine für sich vor seinem Smartphone saß und Musik hörte oder Videos schaute, sondern alle zusammen Spiele spielten und gemeinsam total viel Spaß hatten.*
   *Ohne Smartphone kann es ganz entspannt sein, da nicht alle ständig schauen mussten, ob jemand in WhatsApp geschrieben hat oder überlegten, wem sie noch schreiben sollten.*
   *Die Vorfreude auf Zuhause war viel größer, da alle die ganze Woche keinen Kontakt zur Familie hatten und sich alle freuten, von den Erlebnissen zu erzählen und Fotos zu zeigen.*





*Mittelstufe*

## Netzbookfreunde = echte Freunde? – die eigene Meinung begründen

Auf der Rückfahrt vom Schullandheim erzählt Sarah stolz von ihren 400 Freunden im sozialen Netzwerk Netzbook.

1. Notiere Sarahs Gründe, die erklären, dass es sich bei ihren Netzbook-Freunden um echte Freunde handelt.
   *Sie sieht öfter in Beiträgen und auf Fotos, was sie machen.*
   *Sie liken ihre Kommentare.*
   *Sie schreibt ihnen ab und zu.*

2. Was verstehst du unter einem echten Freund?
   Sammle in deinem Heft Eigenschaften, die ein Freund für dich besitzen sollte. Nutze dazu die Wörtersonne.

*Beispiel:*

*hilfsbereit* · *ehrlich* · *verbringt gerne und häufig die Zeit mit mir* · *ist bei Problemen immer da* · *vertrauen uns gegenseitig* · *versteht mich „blind"* · *lustig* · *hat die gleichen Interessen*

3. Sind Sarahs 400 Netzbookfreunde wirklich echte Freunde? Begründe deine Meinung mithilfe deiner Ergebnisse aus Aufgabe 2.
   *Ich bin der Meinung, dass Sarahs Netzbookfreunde echte Freunde sind, weil … / keine echten Freunde sind, weil …*
   *Beispiellösung:*
   *Ich bin der Meinung, dass Sarahs Netzbookfreunde keine echten Freunde sind, weil sicherlich nicht alle gerne und häufig Zeit mit Sarah verbringen oder sie ihnen ihre Geheimnisse anvertrauen würde. Außerdem denke ich, dass nicht alle 400 Personen bei Problemen für sie da wären oder ihr bei anderen Dingen helfen würden. Ebenso bin ich der Ansicht, dass man nicht so vielen Menschen vertrauen oder ihnen Vertrauen schenken kann.*





*Erweiterungsstufe*

## Zeit mit Medien verbringen – ein Diagramm auswerten

1. Unterstreiche die Behauptungen, die Constanze H. in ihrem Kommentar äußert, mit dem Lineal.

Constanze H.
21. Februar

Hallo liebe Lehrer, Eltern und Schüler der Hirsch-Schule,

ich muss heute ein großes Lob an die Schule aussprechen, da ich das Waldschullandheim einfach super finde.
Die Jugendlichen sitzen heutzutage täglich vor dem Fernseher, ihrem Smartphone, dem Computer oder dem Internet und verbringen so sinnlos ihre Freizeit. Dagegen treffen sie sich überhaupt nicht mehr mit ihren Freunden, spielen draußen oder treiben Sport.

Macht also weiter so!
Eure Constanze H.

2. Nico sucht im Internet und findet das Schaubild auf Seite 97.
   a) Worüber informiert das Schaubild? Notiere in einem Satz.
   *Es wird dargestellt, wie häufig Kinder bis 13 Jahre unterschiedliche Freizeitaktivitäten ausüben.*
   b) Beantworte folgende Fragen zum Diagramm in deinem Heft.
   – Wie viel Prozent der Jugendlichen nutzen den Fernseher, das Handy/Smartphone, den Computer und das Internet täglich?
     - *Fernseher: 77 %*
     - *Smartphone: 42 %*
     - *Computer-/Konsolen-/Onlinespiele: 22 %*
     - *Computer nutzen (offline): 16 %*
     - *Internet nutzen: 27 %*

   – Wie viele Jugendliche treffen sich in ihrer Freizeit überhaupt nicht mit Freunden, wie viele spielen nie draußen, wie viele treiben auch keinen Sport?
     - *treffen sich nicht mit Freunden: 6 %*
     - *spielen nie draußen: 8 %*
     - *treiben keinen Sport: 29 %*





*Erweiterungsstufe*

## Zeit mit Medien verbringen – einen Kommentar schreiben

Wie viel Zeit verbringen wir wirklich mit den Medien?

1. Vergleiche die Ergebnisse des Schaubilds mit deinen eigenen Erfahrungen.
   a) Mit welchen drei Aktivitäten verbringst du selbst am häufigsten deine Freizeit? Trage in die Tabelle ein.
   b) Aus welchen Gründen verbringst du deine Freizeit mit diesen Aktivitäten? Notiere mindestens einen Grund für jede Aktivität in die Tabelle.

| **Aktivitäten, mit denen ich am häufigsten meine Freizeit verbringe** *Beispiellösung:* | **Gründe, weshalb ich diese Freizeitaktivitäten wähle** *Beispiellösung:* |
|---|---|
| *Freunde treffen* | *weil wir uns gut verstehen* |
| *Sport treiben* | *weil ich gerne Fußball spiele* |
| *Fernsehen* | *weil ich gerne meine Lieblingsserie schaue* |

2. Nico hat bereits seinen Kommentar zum Beitrag von Constanze H. begonnen. Nun fehlen ihm leider passende Gründe, um mit seiner Behauptung zu überzeugen.
   a) Hilf Nico und notiere passende Begründungen in dein Heft. Nutze dazu das Schaubild auf dieser Seite und deine eigenen Erfahrungen aus Aufgabe 1.
   *Beispiellösung:*
   – *Nur der Fernseher wird täglich von vielen Kindern eingeschaltet, wohingegen die anderen Medien wie Smartphone, Computer oder Internet nicht einmal die Hälfte der Kinder täglich nutzt.*
   – *Es gibt nur sehr wenige Kinder (6 %), die sich in ihrer Freizeit nie mit ihren Freunden treffen oder draußen spielen (8 %).*
   – *Nur 29 % der Kinder bis 13 Jahren treiben keinen Sport.*
   – *Auch ich sehe in meiner Freizeit vor allem etwas fern, um nach der Schule ein bisschen zu entspannen.*
   b) Schreibe Nicos Kommentar in deinem Heft zu Ende. Nutze deine notierten Begründungen und gehe auf die Behauptungen von Constanze H. ein.
   *Beispiellösung:*
   *Ich bin jedoch nicht der Meinung, dass Jugendliche ihre Freizeit nur noch vor den Medien verbringen, da in dem Schaubild zur KIM-Studie sehr deutlich wird, dass nur der Fernseher täglich von vielen Kindern eingeschaltet wird, wohingegen die anderen Medien wie Smartphone, Computer oder Internet nicht einmal die Hälfte der Kinder täglich nutzt. Auch ich schaue mittags nach der Schule manchmal fern, weil ich dabei entspannen kann. Wie viele Kinder treffe ich mich danach aber meist noch mit meinen Freunden oder gehe zum Fußball. So zeigt auch das Schaubild, dass es nur sehr wenige Kinder gibt, die sich nie mit ihren Freunden treffen (6 %) oder draußen spielen. Ebenso gibt es nur 29 % der bis 13-Jährigen, die gar keinen Sport treiben. Meiner Meinung nach spielen die Medien daher nicht die Hauptrolle in der Freizeit der Kinder.*
   *Freundliche Grüße*
   *Nico*

**Lösungsheft zu**
**Bestell-Nr. 6401-12 ISBN 978-3-619-64112-3**


www.mildenberger-verlag.de
E-Mail: info@mildenberger-verlag.de

Auflage 4 3 2 1
Jahr 2021 2020 2019 2018



Redaktion: Michael Banse, Leipzig
Gesamtgestaltung: Typografie & Herstellung, Julia Walch, Bad Soden
Druck: Lensing Druck GmbH & Co. KG, 44149 Dortmund
Gedruckt auf umweltfreundlichen Papieren